FEB 06 2020

P9-BIR-229

St. Helena Library
1492 Library Lane
St. Helena, CA 94574
(707) 963-5244

A Gift From
ST. HELENA PUBLIC LIBRARY
FRIENDS & FOUNDATION

Niños y niñas introvertidos

Título original: Quiet Kids
Traducido del inglés por Jacqueline Guiter Viader
Diseño de portada: Natalia Arnedo
Diseño y maquetación de interior: Toñi F. Castellón

© de la edición original
2013 Christine Fonseca

Publicado inicialmente en Estados Unidos por Prufrock Press

© de la presente edición
EDITORIAL SIRIO, S.A.
C/ Rosa de los Vientos, 64
Pol. Ind. El Viso
29006-Málaga
España

www.editorialsirio.com
sirio@editorialsirio.com

I.S.B.N.: 978-84-17399-95-5
Depósito Legal: MA-926-2019

Impreso en Imagraf Impresores, S. A.
c/ Nabucco, 14 D - Pol. Alameda
29006 - Málaga

Impreso en España

Puedes seguirnos en Facebook, Twitter, YouTube e Instagram.

Cualquier forma de reproducción, distribución, comunicación pública o transformación de esta obra solo puede ser realizada con la autorización de sus titulares, salvo excepción prevista por la ley. Diríjase a CEDRO (Centro Español de Derechos Reprográficos, www.cedro.org) si necesita fotocopiar o escanear algún fragmento de esta obra.

$16.95

CHRISTINE FONSECA

Niños y niñas introvertidos

COMO VIVIR FELICES EN UN MUNDO EXTROVERTIDO

EDITORIAL
SIRIO

Dedicado a las personas introvertidas que forman parte de mi vida, que han hecho mucho más poderoso mi propio concepto del silencio.

ÍNDICE

AGRADECIMIENTOS

Soy una persona adulta introvertida y, como tal, me ha tocado aprender a aprovechar la fuerza que llevo en mi interior y que acompaña a la necesidad de silencio. No podría haber aprendido a aprovechar mis propias capacidades singulares sin el equipo de personas que constantemente me sacan de mi caparazón y me animan a compartir mis conocimientos con el mundo. Y aunque estoy segura de que a esta lista le faltan muchos nombres, aquí está; estas son algunas de las personas que han dado forma a este libro y han ayudado a que sea mejor de lo que yo creía posible.

No podría haber desarrollado estas ideas ni este libro sin el apoyo y la guía de mi editora, Lacy Compton. Lacy es un apoyo constante para mí; dando forma y guiando todos y cada uno de los libros que me convence para que escriba. Y luego llegan los equipos de Prufrock Press y Sourcebooks y convierten mis ideas en algo asombroso.

Mi compañera de redacción, Michelle McLean, también una persona introvertida, siempre está dispuesta a decir las cosas como son y me obliga a profundizar en mi trabajo. Gracias por leer y por brindar tus ideas y tu apoyo en el último momento.

Mis compañeros de redacción, Elana Johnson, Ali Cross y Dustin Hansen: sin todos vosotros habría evitado este libro por completo. ¡Gracias por no dejarme nunca librarme de esto y obligarme a sentarme en la silla a trabajar duro! ¡Vuestros tuits me han ayudado a superarlo todo!

A mis mejores amigas de RL y al equipo de animadoras: Jodi, Stephanie, Jill, Judy, Corrine, Shauna y Andrea: todas vosotras me habéis escuchado cuando necesitaba hablar, me habéis dado la tranquilidad que necesito para poder recuperarme y comprender a mi «yo interior». Vuestra amistad significa para mí más de lo que soy capaz de expresar. No importa cómo cambien nuestras vidas en los próximos años, ¡sigamos comprometiéndonos a encontrar tiempo las unas para las otras!

El interminable apoyo de la comunidad de escritores, de los blogueros, de los lectores y de las *fans* que nunca soñé que tendría: aunque nunca he conocido a la mayoría de vosotros en persona, todos significáis mucho para mí. Vuestro estímulo y comprensión de este sector que todos amamos es asombroso.

Finalmente, como siempre, mi agradecimiento personal a mi familia, cercana y no tan cercana, Dirck, Fabiana y Erika: vosotros tres sois los mejores animadores y equipo de apoyo que se podría desear. Colaboráis para que las cosas funcionen sin problemas, sin importar lo estresada que esté con mis fechas límite. *Gracias* es una palabra demasiado insuficiente para captar la profundidad de mi gratitud. Debra, Daryn, Karol, Vince, Errol, Celia: todos vosotros me apoyáis mucho y me «entendéis» a mí y a mi loca necesidad de escribir. Papá, Trudy y Virginia: sabéis y entendéis los aspectos más profundos de quién soy, y siempre estáis cerca para animarme cuando más lo necesito. ¡Gracias a todos vosotros por todo lo que significáis en mi vida!

CHRISTINE FONSECA

NOTA DE LA AUTORA

Recuerdo el día en que las ideas para este libro, *Niños y niñas introvertidos,* empezaron a tomar forma en mi cabeza. Hace mucho tiempo que el concepto de temperamento forma parte del contenido de mis charlas y de mi trabajo de *coaching*. Yo, como persona adulta introvertida, entiendo cómo ha influido en mi propia vida el hecho de serlo. Conozco de primera mano la información que habría deseado que mis padres hubieran tenido respecto a este tema y que les habría gustado enseñarme. Recuerdo ver a mi madre luchando con sus propios conceptos equivocados sobre su propia naturaleza de carácter introvertido. Y recuerdo la confusión que sentía yo cuando intentaba, sin conseguirlo, convertirme en una persona sociable de una manera que iba totalmente en contra de mi propia constitución.

Estos son los recuerdos y pensamientos sobre los que se ha basado este libro, cada página y cada capítulo, creado para informar e inspirar a los padres en sus esfuerzos por ayudar a aquellos de sus hijos que son introvertidos a desarrollarse plenamente en un mundo que valora mucho la extroversión y que a menudo pone etiquetas equivocadas a los introvertidos.

Este volumen está lleno de historias personales sacadas de mi propia vida, así como de las vidas de las personas que han compartido un pedacito de su mundo conmigo en charlas, sesiones de *coaching* y grupos de debate que han tenido lugar mientras yo iba escribiéndolo.

He cambiado los nombres, así como cualquier detalle que pudiera identificar a esas personas, expresamente, ya que muchas de ellas han compartido sus historias sin darse cuenta de que yo, un día, escribiría un libro sobre este tema. Pero aunque haya alterado las historias originales de una forma u otra, sirven para ilustrar los altibajos que sufren los niños introvertidos, así como los desafíos a los que se enfrentan muchos padres y educadores al trabajar con ellos. Tengo la esperanza de que *Niños y niñas introvertidos* resalte los puntos fuertes que son inherentes al temperamento introvertido y que te ayuden a ser capaz de enseñar a tus hijos cómo aceptar su propio silencio y fomentar este aspecto de sí mismos.

CHRISTINE FONSECA

INTRODUCCIÓN

Un niño pequeño empieza el curso en tercero de primaria lleno de ilusión. Entra en la clase sin conocer a nadie. Más bien intimidado, se mantiene separado de los demás niños, observando cómo el resto de los alumnos contestan a las preguntas de la profesora. No participa casi nunca, y la profesora lo considera un niño de carácter callado; demasiado callado. Unas semanas más tarde, le empieza a preocupar la posibilidad de que ese niño tenga dificultades en el aprendizaje. Solicita una tutoría con la madre, en la que descubre que el niño nunca había tenido ningún problema en el colegio hasta entonces. La profesora le hace un pequeño examen sobre los contenidos que están aprendiendo y descubre que el niño se lo sabe todo... ¡Todo! Perplejas, tanto a la profesora como a la madre les empieza a preocupar que al niñito «le pueda estar pasando algo».

A muchos kilómetros, en otro estado, una adolescente está sentada en una cafetería con sus amigos. El camarero se equivoca y le trae algo distinto de lo que ella había pedido. Pero, en lugar de decírselo al camarero, echa a un lado su frustración por no ser capaz de decirle nada y le da la bebida a otra persona. «Qué tonta soy. Cómo odio ser tan tímida», se dice a sí misma, totalmente avergonzada.

A unas mesas de distancia, un grupo de niños del colegio se ríen y bromean entre sí. Bueno, todos menos uno de trece años. Parece distraído, como si estuviera en las nubes. Sus amigos intentan meterlo en la conversación, pero él está demasiado ensimismado en sus propios pensamientos como para darse cuenta. Al cabo de un rato, uno de sus amigos chasquea los dedos delante de su cara, para llamarle la atención. El niño salta, les grita a los demás y se va de la cafetería, frustrado.

Cada una de estas escenas tiene algo en común: en cada una de ellas hay un niño o un adolescente introvertido esforzándose por entender ese aspecto de su propia naturaleza. En la mayoría de los casos, además, las personas que hay a su alrededor malinterpretan lo que está ocurriendo y se forman una opinión negativa sobre él o ella, que rara vez es acertada.

Los términos *introversión* y *extroversión* no son nuevos. La mayoría de la gente sabe que estos términos se refieren al carácter. Y cada vez que le pido a alguien de la audiencia que me dé una definición de estas palabras, me proporcionan esta serie de atributos:

Introvertido:
- Tímido
- Solitario
- Reservado
- Deprimido
- Centrado en sí mismo

Extrovertido:
- Sociable
- Popular
- Le gusta ser parte de un grupo
- Contento
- Activo

Estas listas muestran la introversión como algo predominantemente negativo, mientras que a la extroversión la presentan como algo a lo que se debe aspirar. Es una creencia que representa nuestras normas culturales de hoy en día, que celebran la extroversión como el ideal que se debe seguir, algo que fomentar en nuestros propios hijos.

Lo que les falta a estas listas es contemplar el hecho de que ese temperamento, como el color de los ojos y la constitución física, es algo con lo que ya se nace. No es que sea ni bueno ni malo; tan solo es un aspecto más de lo que somos. Y, como ocurre con la mayoría de los aspectos del ser, el temperamento conlleva sus propios puntos fuertes y sus propios problemas potenciales.

Vivimos en un mundo que está hecho para los extrovertidos. Nuestro sistema educativo favorece el trabajo en grupo y la colaboración. Nuestras culturas corporativas están muy centradas en la innovación colaborativa. Y nuestra cultura pop favorece a las estrellas y otros famosos que buscan la atención del público.

¿Qué significa todo esto para los introvertidos? ¿Que tendrían que alterar su ADN para poder encajar con la norma de nuestra cultura? ¿Es que tienen que suprimir su necesidad de silencio en favor de una aptitud para la sociabilidad y una disposición abierta? ¿Acaso eso es siquiera posible? Yo creo que no.

Con la idea en mente de dar apoyo a los padres de los niños introvertidos, y a partir de recientes trabajos de investigación, el libro *Niños y niñas introvertidos* redefine el concepto de introversión como algo positivo, pretende arrojar cierta luz sobre los puntos fuertes del temperamento callado y, además, facilita a padres y educadores las estrategias específicas que permitirán que el niño acepte su propia introversión y desarrolle su potencial plenamente.

Presentado en un formato fácil de leer y práctico, este libro está ilustrado con relatos sobre las experiencias de familias de introvertidos y proporciona en cada capítulo unas tareas, al modo de un libro de ejercicios, y un apartado de preguntas y respuestas que te facilitarán las herramientas que necesitas para poder influir de forma positiva y duradera en tu hijo.

Niños y niñas introvertidos aborda:

- Lo que nuestra sociedad entiende por introversión y extroversión.
- Las bases científicas del concepto de temperamento.
- Cómo trabajar con la introversión en el colegio, en casa y con los amigos.
- Estrategias específicas para la resiliencia, el rendimiento escolar y la vida en una cultura competitiva.
- Qué ocurre con la introversión en el entorno educativo.

CÓMO UTILIZAR ESTE LIBRO

Niños y niñas introvertidos, al igual que mis otros libros de ensayo, está escrito con la intención de constituir un recurso para padres y educadores: cada parte empieza presentando una visión general y una guía de autorreflexión encaminada a prepararte para los capítulos que siguen a continuación y termina con un relato, basado en una historia real de una persona introvertida, relacionado con los conceptos presentados en esa parte en concreto.

Los capítulos están organizados de manera que incluyen hojas de consejos, así como listas de control y tareas a modo de cuadernos de ejercicios para que las utilicen los padres y los hijos para mejorar este material con sus propias aportaciones.

El apartado de preguntas y respuestas que se presenta al final de cada capítulo aborda las preguntas más comunes que me han planteado en los grupos de trabajo y talleres sobre el tema de la introversión. Al final de cada capítulo, además, se ofrece un repaso del contenido de ese capítulo en forma de resumen esquemático, para que pueda servir como referencia una vez que se haya leído el libro. La bibliografía recomendada que hay al final proporciona recursos adicionales para cada cuestión de interés que pueda surgir al ir avanzando en la lectura del libro.

UNAS PALABRAS DEDICADAS A LOS EDUCADORES

En un principio, este libro estaba pensado únicamente para los padres. Sin embargo, a medida que iba terminando el trabajo con cada uno de los grupos y recabando más información en mis tareas de investigación, fui viendo cada vez con mayor claridad que tanto los educadores como muchos otros profesionales necesitaban más recursos para poder trabajar con niños introvertidos. Los conceptos que se tratan en cada uno de los capítulos se han ido rediseñando para poder utilizarlos en el ámbito del aula escolar, y se han presentado dentro de los apartados «Notas de clase». Tengo la esperanza de que, juntos, padres y educadores sean capaces de ayudar a los niños introvertidos a aceptar su propio carácter, único, diferente, y a darse cuenta de lo positivo de su forma de ser y de la fuerza que eso les aporta.

Primera parte

LOS NIÑOS INTROVERTIDOS Y LOS NIÑOS EXTROVERTIDOS
Es algo constitucional

Cuando buscas sinónimos para la palabra *extrovertido* en The-saurus.com, te salen términos como *amigable*, *gregario*, *sociable* y *afable*. En cambio, cuando buscas sinónimos para la palabra *introvertido*, obtienes *tímido*, *frío*, *hermético* y *reservado*. Estos sinónimos representan una lista de atributos y comportamientos que, a primera vista, parecen ser algo que uno elige ser y que se puede cambiar. Es más, hay claras connotaciones positivas para la extroversión y negativas para la introversión, que reflejan la cultura occidental y cómo favorece a la primera. Sin embargo, la introversión y la extroversión son algo más que un conjunto de atributos y comportamientos que se puedan cambiar fácilmente. Estos términos se refieren a nuestro temperamento biológico. Y, aunque los aspectos más difíciles de cada rasgo se pueden equilibrar, los seres humanos estamos predispuestos a tener un carácter determinado. Forma parte de la constitución de cada uno.

A lo largo de los próximos capítulos examino lo que se sabe actualmente en el campo de la neurociencia sobre lo que subyace al temperamento, así como los aspectos positivos y los negativos tanto de la introversión como de la extroversión.

Estos capítulos, además, estudian con detenimiento la forma en que la sociedad pinta la introversión y el impacto que tiene eso sobre las personas con una disposición constitucional a ser más calladas que las demás. En el momento en que comencemos esta exploración sobre lo que es el temperamento, creo que es conveniente que tengas claras tus propias opiniones acerca de la introversión, así como ciertas preocupaciones que puedas albergar acerca de cómo criar y educar a un hijo introvertido. Dedica un momento a contestar el cuestionario n.º 1 de la página siguiente antes de continuar adelante con los siguientes capítulos.

CUESTIONARIO N.º 1

Unas ideas sobre la noción de temperamento

1. Para mí, una persona extrovertida se define como ....
.... (completar la frase).

2. Para mí, una persona introvertida se define como ....
.... (completar la frase).

3. Creo que el temperamento es algo con lo que se nace.
❏ Verdadero ❏ Falso

4. Creo que el temperamento puede cambiar con el tiempo.
❏ Verdadero ❏ Falso

5. Creo que el mundo está, en general, más dirigido hacia los extrovertidos.
❏ Verdadero ❏ Falso

6. Si he contestado «Verdadero» a la pregunta número 5, creo que las mayores dificultades que se presentan a los introvertidos son .... (completar la frase).

Cuando hayas terminado de responder, reflexiona un momento sobre tus respuestas y considera las siguientes preguntas: ¿por qué motivos has elegido este libro? ¿Qué esperas que te aporte? ¿De qué manera esperas poder ayudar a tus hijos? Dedica unos momentos a escribir lo que piensas sobre el temperamento y sobre los objetivos que te planteas al leer este libro.

1

LA CIENCIA DEL TEMPERAMENTO

Temperamento: ¿eso qué significa? Lo único que sé es que soy tímido y callado; no es algo que me plantee. Simplemente forma parte de mi manera de ser y lo acepto como tal.

Hiro, 15 años

*P*ersonalidad y *temperamento* son dos palabras que han llegado a utilizarse prácticamente como sinónimos en nuestra cultura, pero que tienen significados muy diferentes, en realidad. En Dictionary.com se define la personalidad como un conjunto de comportamientos que constituyen el carácter de una persona. Suele verse influida tanto por el entorno como por las experiencias de la vida. El temperamento, por otra parte, se define como aquellos rasgos con los que se nace y que tienen que ver con la conducta. La parte biológica es lo que da forma a la personalidad, y permanece relativamente sin cambios durante toda la vida. Te pongo un ejemplo sacado de mi propia vida. Cuando era joven, era tímida y reservada. Odiaba el primer día de colegio, detestaba ir a lugares nuevos para mí, y tener que hacerlo me suponía un gran esfuerzo. Sin embargo, me interesaban cosas como la música, el baile y ser modelo, cada una de las cuales me obligaba a actuar delante de un público. Estos intereses me hacían tener que superar el miedo de actuar en público. Y lo hacía.

Como persona adulta, ahora ya no tengo miedo a estar delante de grandes grupos; es más, hay veces en que hablar delante de cientos de personas me hace sentir bien, y ser el centro de atención ya no me supone un esfuerzo tremendo. Pero todavía me entra ansiedad cuando pruebo algo nuevo, aún me sigo considerando una persona reservada y todavía me provoca malestar la idea de participar en una conferencia con gente a la que no conozco demasiado. Esta parte de mí no cambiará nunca, así que, ¿por qué he cambiado en un aspecto, pero no en el otro? ¿Qué diferencia hay entre una cosa y la otra? Pues precisamente la diferencia que hay entre mis rasgos de personalidad y mi temperamento. El miedo a actuar se relaciona con mis primeros sentimientos de timidez, algo que cambió a través de la práctica y la experiencia. Es, o era, parte de mi personalidad. Por otro lado, el continuo sentimiento de aprensión cuando me enfrento a algo nuevo sigue siendo parte de mi temperamento. No ha «madurado» hasta dejar de ser parte de mi comportamiento porque es un aspecto natural de quien soy. Es parte de mí. Personalidad y temperamento. La crianza y la naturaleza. ¿Dónde encajan aquí los conceptos de extroversión e introversión? A menudo definidos por características conductuales específicas (apertura, sociabilidad y popularidad para los extrovertidos, y silencio, timidez y reserva para los introvertidos), estos dos conceptos han sido aceptados desde hace mucho tiempo como parte de la personalidad del ser humano (Thompson, 2008). Popularmente

empleados por el psicólogo Carl Jung en el siglo xx, estos términos se han ido introduciendo en casi todas las discusiones sobre
la personalidad, desde la visión un tanto negativa de Freud de que
la introversión se relaciona con el narcisismo hasta la inclusión
más neutral de Cattell de la extroversión y la introversión como
parte de sus dieciséis factores de la personalidad (Cattell, Eber y
Tatsuoka, 1980).

Las pruebas de personalidad tales como pueden ser el indicador de tipo de Myers-Briggs (MBTI, por sus siglas en inglés) y
el *Minnesota Multiphasic Personality Inventory* ('inventario de personalidad multifásica de Minnesota') normalmente incluyen medidas de *extraversión* (o *extroversión*) e introversión, y sus escalas se
usan para diferenciar el temperamento de alguna manera.

Claramente, los psicólogos han reconocido la extroversión
y la introversión como aspectos del temperamento y la personalidad en todas las corrientes de la psicología moderna. Pero
son los avances en el campo de la neurobiología los que nos han
aportado una mayor comprensión en este campo.

Jung (1971) sospechaba desde hacía mucho tiempo de la
existencia de una conexión biológica, pues le parecía que la extroversión y la introversión se relacionaban con la forma en que
una persona interactuaba con el mundo a un nivel primario, y no
eran simplemente un subproducto de las experiencias que dicha
persona había tenido. Estaba convencido de que los extrovertidos e introvertidos veían el mundo de manera fundamental-
mente diferente: los primeros, buscando estimulación fuera de
sí mismos, y los segundos, buscando estimulación interna.

Otros indicios que demuestran una posible conexión biológica en la formación del temperamento proceden de la investigación de Segal sobre gemelos idénticos. Tras estudiar grupos de gemelos criados separados, se detectaron asombrosas

similitudes en cuanto al temperamento, independientemente de las diferencias en los entornos en los que se habían criado (Segal, 1999). También Eysenck (1967) pensaba que el temperamento tenía que ver con la biología. Estaba convencido de que las diferencias entre la extroversión y la introversión radicaban en los sistemas de química cerebral que implicaban la excitación y la inhibición, y que los extrovertidos dependían en mayor medida de la excitación para lograr el equilibrio, mientras que en los introvertidos dominaba la inhibición. Aunque los avances en neurociencia han demostrado que su trabajo es incompleto y excesivamente simplista, la especulación de Eysenck de que los extrovertidos e introvertidos difieren con respecto al nivel óptimo de excitación y reacción a los estímulos ambientales es básicamente correcta.

Algunas de las investigaciones más contundentes realizadas sobre el temperamento y la extroversión y la introversión provienen del trabajo de Kagan con niños extremadamente sensibles. En esta investigación, Kagan estudió la química cerebral y el papel de los neurotransmisores en el temperamento. Postuló que el código genético de un niño determina cómo se utilizan los neurotransmisores y que esta tendencia en el cerebro estaba intrínsecamente ligada al temperamento (Kagan y Snidman, 2004). Tal vez la mejor explicación de la ciencia que hay detrás del temperamento se encuentra en el libro *The Introvert Advantage*, de Marti Olsen Laney, publicado en 2002.* A partir del trabajo de Kagan, así como de la investigación sobre los neurotransmisores llevada a cabo por Hobson, Kosslyn y otros, Laney (2002) describió las diferencias entre la extroversión y la introversión en términos de cómo se utiliza la energía. Los

---

* Publicado en castellano por Editorial Sirio con el título *La ventaja de ser introvertido*, (2018).

extrovertidos, explicó, usan la energía abundantemente, mientras que los introvertidos son más propensos a conservarla. También habló del uso de los neurotransmisores y de la activación y utilización de los sistemas nerviosos simpático y parasimpático en relación con la extroversión y la introversión.

Ahora, antes de que sientas que te acabas de despertar en medio de la clase de biología de la universidad, te diré que no tengo intención de repetir lo que Laney explicó con tanta sencillez y elegancia en *The Introvert Advantage*. Sin embargo, me gustaría centrarme en lo que recientes investigaciones pueden significar para ti y, lo que es más importante, para tus hijos.

La tabla de la figura 1 resume el trabajo de Kagan, Laney y otros y permite ver de un vistazo lo diferente que es el cableado de los extrovertidos y los introvertidos. No es de extrañar que ninguno de los dos grupos pueda entender plenamente al otro: son biológicamente diferentes en su enfoque de la vida. La química cerebral controla cómo nos comportamos en varias situaciones. La investigación que se analiza en *The Introvert Advantage* apunta a algo sobre lo que Jung (1971) había especulado mucho antes: los extrovertidos y los introvertidos procesan la energía de manera diferente. Los primeros se centran más en las conexiones sociales y la acción como un camino hacia la excitación cerebral equilibrada, mientras que los segundos miran hacia dentro, prefiriendo el pensamiento interno como un camino hacia el equilibrio (Laney, 2002). Es algo con lo que nacemos, y aunque podemos encontrar maneras de neutralizar los aspectos más extremos de nuestro temperamento, al menos en lo que se refiere a la introversión y la extroversión, creo que en gran medida dominará uno u otro.

Las diferencias biológicas entre los extrovertidos y los introvertidos

En la siguiente tabla se muestran algunas de las diferencias biológicas y, consecuentemente, de comportamiento, entre introvertidos y extrovertidos.

	EXTROVERTIDOS	INTROVERTIDOS
Neurotransmisor de preferencia (Laney, 2002)	Dopamina; sistema de desbloqueo corto y rápido	Acetilcolina; sistema de liberación lenta y prolongada
Patrón de excitación	Búsqueda de estimulación desde el entorno	Búsqueda de la estimulación a través de los pensamientos internos
Utilización de la energía	Renueva la energía por medio de conexiones y actividades	Renueva la energía por medio del pensamiento interno y la soledad
Activación del sistema nervioso (Laney, 2002)	Simpático («lucha o huida»); promueve la activación del sistema suprarrenal en preparación para la acción	Parasimpático («descanso y digestión»); promueve la síntesis de glucógeno y la digestión

Figura 1. Los extrovertidos y los introvertidos: diferencias biológicas

Entonces, ¿cuáles son las principales ideas que debemos retener? El temperamento es una función de la naturaleza. Y los atributos de la extroversión y la introversión, como aspectos del temperamento, son resultado de la biología. Ambos tienen ventajas y desventajas. Aunque los aspectos negativos de cualquiera de los dos pueden verse modificados, potenciados o disminuidos introduciendo ciertos cambios en el entorno y en el comportamiento, los atributos básicos de la extroversión y la introversión permanecerán durante toda la vida. Piensa en el ejemplo que cité sacado de mi propia vida: aunque he aprendido a superar la timidez de mi infancia a la hora de actuar y hablar, mi reserva natural al probar algo nuevo y la aprensión que siento al iniciar una tarea desconocida nunca desaparecerán. Es parte de mi forma de ser.

En el próximo capítulo examinaremos los atributos reales de la extroversión y la introversión, así como algunos de los problemas que pueden surgir en ambos casos cuando no existe un cierto equilibrio.

Pero, antes de sumergirnos en eso, quisiera que, entre tú y todos los miembros de tu familia, rellenéis la hoja de trabajo n.º 1 (página 32). Esta escala, concebida para ayudarte a identificar los temperamentos dominantes de cada miembro de tu familia, no es una escala de calificación diseñada científicamente, sino más bien un conjunto de preguntas pensadas para ayudarte a determinar dónde pueden estar tus rasgos innatos, identificándolos en un continuo.

NOTAS DE CLASE: CÓMO RECONOCER EL TEMPERAMENTO EN EL AULA

Es algo que todos hemos visto alguna vez: las diferencias entre los distintos alumnos en un aula normal y corriente. Algunos responden con facilidad y desenvoltura, y les encanta participar en actividades grupales; otros, en cambio, actúan como si un proyecto de grupo fuera una sentencia de muerte. Como educador, sabes que necesitas adaptar tus metodologías de enseñanza para poder responder a las necesidades de todos tus alumnos, enseñando a los niños callados a hablar más claro y a los más locuaces a permitir que otros hablen. Está claro que de lo que se trata es de conseguir un cierto equilibrio.

HOJA DE TRABAJO N.º 1

Cómo comprender el temperamento de mi hijo (y el mío propio)

Instrucciones: Lee cada una de estas veinte frases y determina si estás de acuerdo, en desacuerdo o ninguna de las dos cosas. Rellena una hoja de trabajo para cada miembro de la familia (incluido tú mismo). Si tus hijos tienen la edad suficiente, pídeles que rellenen ellos mismos la hoja de trabajo y comparen los resultados.

	DE ACUERDO	EN DESACUERDO	NI DE ACUERDO NI EN DESACUERDO
1. Tras un largo día me gusta hablar con otras personas			
2. Prefiero pasar tiempo solo o con pocos amigos			
3. Cuando paso solo demasiado tiempo, me pongo triste			
4. Cuando hago amistades, son amistades íntimas			
5. Suelo actuar primero, y pensar después			
6. En situaciones nuevas prefiero observar antes de participar en ellas			
7. Soy muy hablador			

	DE ACUERDO	EN DESACUERDO	NI DE ACUERDO NI EN DESACUERDO
8. Necesito sentirme cómodo antes de compartir información con la gente			
9. Después de una actividad divertida me vuelvo hiperactivo			
10. Normalmente pienso antes de actuar			
11. No tengo problemas para hablar con extraños			
12. Cuando estoy con mucha gente durante demasiado tiempo, me quedo como ausente			
13. Parece que tengo mucha energía			
14. La gente dice que a menudo empiezo a hablar en mitad de mis pensamientos			
15. La mayoría de la gente piensa que tengo muchos amigos			
16. Escucho más de lo que hablo			
17. No me gusta que las cosas sean demasiado predecibles			
18. Cuento mis miedos más profundos a apenas unas pocas personas (o no los cuento a nadie)			
19. Me encanta ir a fiestas y salir con amigos			
20. Para mí es importante ser creativo			

Fíjate en las respuestas. Las frases pares suelen referirse a la introversión y las impares a la extroversión. Observa la tabla: ¿cuáles son tus puntos fuertes, los aspectos dominantes? Es importante señalar que estas ideas reflejan predictores generales de temperamento. La mayoría de las personas no encajan perfectamente en una sola etiqueta de temperamento. Puede ocurrir que algunos extrovertidos disfruten de actividades en solitario, como la lectura, y que algunos introvertidos florezcan en las artes escénicas. Utiliza estas frases como guía para ayudarte a determinar qué lado de la moneda de la extroversión/introversión se os puede aplicar a ti y a tus hijos la mayor parte del tiempo. Repite esto para cada uno de los miembros de la familia. ¿Te has encontrado con algo que no te esperaras?

En las actuales instituciones educativas del mundo occidental, la colaboración y las actividades en grupo se han convertido en la norma, en el «mejor» tipo de enseñanza para nuestros alumnos. Tú sabes que algunos de tus alumnos no se desarrollan plenamente con esa estructura de enseñanza; tal vez incluso hayas encontrado formas de adaptarlos. Pero el mensaje en la educación es claro: los alumnos tienen que aprender a trabajar en equipo. Al fin y al cabo, nuestra cultura moderna nos lo exige. Pero ¿cómo encaja el introvertido en esta imagen?

Este capítulo se ha centrado en las diferencias biológicas entre la extroversión y la introversión, diferencias entre las que destaca una fundamental: cómo estos dos temperamentos abordan sus interacciones con el entorno. Como educador, es hora de aprovechar esta información para aplicarla en el aula, entendiendo que el niño tímido que es reacio a unirse a grupos por más que lo animes a ello, puede que no sea simplemente «tímido». Tal vez esté programado de manera diferente y necesite un enfoque de la enseñanza distinto. Hablaremos más sobre eso más adelante. Por ahora, quiero que tomes la información del capítulo y la apliques en el aula, usando una hoja de trabajo similar a la de los padres como una manera de reconocer e identificar los diferentes temperamentos en tu aula (ver la página 37). Utilízala con cualquier alumno y mejora tu capacidad para adaptar algunas de tus metodologías a todos los alumnos de tu clase. Y, finalmente, empléala contigo mismo para comprender más profundamente por qué estás hiperactivo o agotado al final del día.

EL TEMPERAMENTO. PREGUNTAS Y RESPUESTAS

Después de leer sobre la fisiología del temperamento, es probable que tengas algunas preguntas. Créeme si te digo que no eres el único. A continuación, te presento algunas de las preguntas más frecuentes que surgen en mis grupos de enfoque[*] y talleres cada vez que se menciona el tema del temperamento.

Dijiste que los introvertidos y los extrovertidos están programados de forma diferente. ¿Es algo que puede cambiar con el tiempo, con la edad?

Sí y no. Como todo lo que tiene que ver con nuestra fisiología, rara vez hay respuestas fáciles. Todo constituye un equilibrio entre cómo venimos ya programados y nuestros patrones

---

[*] Los grupos de enfoque o grupos focales, en inglés *focus groups* constituyen la técnica cualitativa más usada en investigación de mercados. Consiste en reunir un grupo de individuos de un segmento objetivo de mercado para generar discusiones acerca de un problema o tema de *marketing*. La metodología se ha extendido a otros ámbitos, como el de la enseñanza o la psicología. Las sesiones de grupo son lideradas por un moderador especializado, el cual normalmente es un psicólogo o un comunicador experto en manejo de grupos.

de respuesta aprendidos. Creo que tenemos una predisposición hacia un patrón específico de respuesta a nuestro entorno. En el caso de una persona introvertida, siempre puede tener una reacción física cuando se le pide que responda a una pregunta en clase o cuando se encuentra en medio de una reunión de trabajo. También puede preferir pensar en un problema antes de actuar en consecuencia. Siempre puede parecer que esté cansada o «desconectada» cuando se encuentra con mucha gente durante largos períodos de tiempo. Pero es probable que su forma de responder a esas reacciones iniciales cambie con el tiempo. Puede haber respondido a estar rodeada de gente o haber sido llamada en clase retirándose, permaneciendo callada o enfermando físicamente en la infancia, y que ahora responda respirando profundamente, aclarando sus pensamientos y hablando de sí misma según lo que sienta. Parece haber minimizado su introversión. Aunque, en realidad, la introversión no ha cambiado en absoluto. Son simplemente sus reacciones a su biología lo que ha cambiado con el tiempo.

¿Puede una misma persona ser introvertida y extrovertida a la vez, dependiendo de la situación?

Hay estudios psicológicos que han utilizado el término *ambivertido* para referirse a personas que reflejan tanto cualidades extrovertidas como introvertidas. Están en el «centro» del continuo entre ambos temperamentos. Antes de que decidas que esto se aplica a ti, quiero ofrecerte una opinión diferente. Creo, como Jung, que todos los seres humanos poseen cualidades tanto de extroversión como de introversión. Pero también creo que tenemos un temperamento dominante, en función de nuestra química cerebral, nuestro uso del sistema nervioso autónomo y nuestra reacción a varios neurotransmisores. En este sentido,

HOJA DE TRABAJO N.º 2

Cómo comprender el temperamento de mis alumnos (y el mío propio)

Instrucciones: Lee cada una de estas diez frases y determina si estás de acuerdo, en desacuerdo o ninguna de las dos cosas en relación con tus alumnos. Rellena una hoja de trabajo para cada alumno y otra para ti. Otra opción posible es dejar que tus alumnos la rellenen por sí mismos.

	DE ACUERDO	EN DESACUERDO	NI DE ACUERDO NI EN DESACUERDO
1. Tras un largo día me gusta hablar con otras personas			
2. Prefiero pasar tiempo solo o con pocos amigos			
3. En clase, me gusta presentarme voluntario			
4. Tardo en acostumbrarme a un profesor nuevo o a una clase nueva			
5. Suelo actuar primero, y pensar después			
6. En situaciones nuevas, prefiero observar antes de participar en ellas			
7. Soy muy hablador			
8. Necesito sentirme cómodo antes de compartir información con la gente			
9. Después de una actividad divertida me vuelvo hiperactivo			
10. Normalmente pienso antes de actuar			

Fíjate en las respuestas. Las frases pares suelen referirse a la introversión y las impares, a la extroversión. Recuerda que estos son solo predictores generales. La mayoría de los alumnos tendrán atributos de ambos temperamentos. Utiliza la tabla para evaluar las tendencias de temperamento de tus estudiantes y ayudarte a evaluar sus necesidades. Basándote en la tabla, ¿cuál es la tendencia dominante entre tus alumnos? Aplica la tabla a la mayoría de ellos. Si el entorno en el que te encuentras es normal y corriente, sin nada especial, verás que en tu aula hay un mayor número de extrovertidos que de introvertidos. ¿Qué has aprendido?

yo diría que no, que no eres extrovertido o introvertido según la situación en la que te encuentres. Entonces, ¿cómo puedes saber cuál es el temperamento dominante en ti o en tus hijos? Piensa en una época en la que estabas emocionalmente agotado. ¿Qué anhelabas en ese momento? ¿Soledad? ¿Tiempo para pensar, procesar o reflexionar? ¿O querías hablar con un amigo? ¿Ir a participar en una actividad social? ¿Escapar y estar activo? La respuesta a estas preguntas puede ayudarte a determinar tu tendencia dominante: introversión o extroversión.

¿Es posible ser «demasiado» introvertido?

Como ocurre con cualquier otro aspecto de la forma de ser, demasiado de algo a menudo no es beneficioso. Cuando los introvertidos están abrumados y desequilibrados, tienden a retirarse completamente del mundo. Pueden distanciarse, parecer desmotivados a la hora de completar sus tareas preferidas e incluso parecer deprimidos. Su biología, las partes relacionadas con la introversión, se hallan sobreactivadas, lo que resulta en una química cerebral que no está sincronizada. Lo mismo puede suceder cuando un extrovertido se ve sobrestimulado por la química dominante de su cerebro, y esto desemboca en una miríada de problemas de salud relacionados con una respuesta de estrés por exceso de excitación. La clave para todo esto es aprender a equilibrar la neurología dominante, y evitar así las posibles trampas.

Hablaré más sobre esto a lo largo del libro, y ofreceré consejos para ayudar a los niños introvertidos a evitar estar fuera de sincronía.

El gráfico realmente aclara las diferencias biológicas entre introvertidos y extrovertidos. ¿Existe algún indicador físico que hayas notado personalmente que te haya informado sobre tu temperamento?

Ah, sí, mi trato personal con mi biología. Creo que los indicadores físicos más prominentes de mi introversión se manifiestan cuando estoy experimentando algún tipo de sobrecarga, cuando el ruido y las demandas del entorno superan mis estrategias inmediatas para hacer frente a la situación. Cuando estoy abrumada, siento como si alguien me estuviera arañando el brazo con clavos de veinte centímetros. Me duele la piel, me retumban los oídos y literalmente no consigo pensar. Puedo ponerme de mal humor y reaccionar con demasiada rapidez y negativamente. Me he dado cuenta de que esta reacción física está relacionada con la ansiedad y el estrés, y de que es más probable que ambos me sobrevengan cuando mi organismo está sometido a una presión vinculada con mi introversión. Algunas de las otras características conductuales de la introversión se tratarán en el siguiente capítulo, a medida que discutamos los atributos y las características específicos de la introversión.

Como soy profesora, encuentro esta información interesante, pero no necesariamente útil. ¿Cómo puedo aplicar la ciencia del temperamento en mi trabajo diario como educadora?

Entender el temperamento no solo puede mejorar tu comprensión de tus alumnos, sino que puede cambiar tanto tu enfoque de la enseñanza como tu comprensión de los matices de comportamiento que ves en tu clase. El niño que se niega a contestar preguntas en voz alta o se queda mirando al espacio cada vez que el ruido en el aula se hace un poco más fuerte ya no es un alumno desinteresado en el aprendizaje, poco motivado o incluso con problemas de aprendizaje.

Contando con esta información, ahora puedes darte cuenta de que el alumno puede, de hecho, tener una forma de ser que esté en contradicción con el entorno de su clase o las metodologías de enseñanza. Esta conclusión te permitirá sondear un poco más a fondo e intentar efectuar algunos cambios en el entorno antes de asumir que el alumno tiene dificultades con el aprendizaje o la motivación. Lo más importante que la información de este capítulo puede darte es el regalo de la tolerancia. A través de un enfoque amplio y tolerante, se puede ver el comportamiento del alumno de una forma más neutral, entendiendo que los matices de comportamiento que se observan no son algo que el alumno está eligiendo, sino mucho más. Y eso puede suponer una gran diferencia para el niño. En los capítulos que vienen a continuación, profundizaré sobre las diferencias existentes entre extroversión e introversión. Hasta entonces, intenta empezar a reconocer las diferencias sutiles por ti mismo.

EN RESUMEN...

Las ideas más importantes

- El temperamento es algo con lo que se nace.
- Los extrovertidos y los introvertidos responden de manera diferente a los estímulos externos e internos.
- Los extrovertidos y los introvertidos no utilizan su sistema nervioso autónomo de la misma forma.
- Los extrovertidos y los introvertidos emplean los neurotransmisores y reaccionan a ellos de modos diferentes.
- El temperamento es solo un aspecto de lo que somos. Ni los extrovertidos son todos idénticos, ni los introvertidos tampoco.

Complementos

- Figura 1. Los extrovertidos y los introvertidos: diferencias biológicas, página 30.
- Hoja de trabajo n.º 1. Cómo comprender el temperamento de mi hijo (y el mío propio), página 32.
- Hoja de trabajo n.º 2. Cómo comprender el temperamento de mis alumnos (y el mío propio), página 37.

2

¿SOY INVISIBLE?
¿O NO LO SOY?

Me siento mal porque no soy tan sociable como mis amigos.
Pero que sea reservada no significa que me pase nada
malo. Desearía que más gente lo comprendiera.

Emma, 10 años

En el capítulo anterior comenzamos a abordar las diferencias biológicas entre los niños extrovertidos y los introvertidos en términos del uso de la energía, la dependencia de los neurotransmisores, y el funcionamiento del sistema nervioso.

¿Cómo se traduce esto en conductas y formas de funcionamiento general? ¿Qué significa esto realmente para el niño? Los extrovertidos y los introvertidos interactúan con el mundo de maneras diferentes y únicas, lo cual incluye las formas en que se comunican, cómo restauran sus reservas de energía y cómo se comportan en general. Examinemos cada una de estas áreas de una en una.

Ya he mencionado anteriormente que los extrovertidos son abiertos y habladores. Esto se debe a las vías de procesamiento rápido activadas por la dopamina. A menudo piensan rápido y tienden a procesar su mundo oralmente, narrando su día. La conversación les da energía y por lo general usan sus habilidades de comunicación para conectarse y revitalizarse. Tienden a comunicarse abierta y libremente sobre una amplia gama de temas (Laney, 2005).

Los introvertidos, por otro lado, son más reservados en todos los aspectos de su funcionamiento. Reflexionan, procesan y valoran sus sentimientos y pensamientos antes de hablar. Rara vez son impulsivos con sus palabras y rara vez hacen comentarios arbitrarios acerca de la vida. De hecho, la mayoría de los introvertidos evitan dar información sobre lo que piensan y sienten. Si te interesa saber lo que piensan, es más probable que obtengas información haciéndoles preguntas específicas y dándoles suficiente tiempo para que respondan. Prefieren escuchar más que hablar. Esto no quiere decir que los introvertidos no sean buenos conversadores. Pueden serlo, pero solo sobre temas que les interesen y con personas en las que confíen (Laney, 2005). Además de las diferencias en la comunicación entre los extrovertidos y los introvertidos, también se diferencian en sus formas de recuperarse.

Como mencioné ya en el capítulo uno, ambos grupos dependen de diferentes aspectos de su sistema nervioso: los extrovertidos utilizan predominantemente el sistema nervioso simpático, mientras que los introvertidos emplean el sistema nervioso parasimpático con mayor frecuencia (Laney, 2002). No es de extrañar, por tanto, que los dos grupos tengan maneras distintas de energizarse: los extrovertidos tienden a buscar la conexión y los introvertidos, la soledad. Esta diferencia en cuanto a la energía a menudo puede ser la razón por la cual a los dos grupos les resulta difícil entenderse; lo que hace a uno feliz y lo llena de energía deja al otro sintiéndose abrumado y nervioso.

ATRIBUTOS	EXTROVERTIDOS	INTROVERTIDOS
Capacidad para la comunicación	Abiertos y habladores, y más bien impulsivos	Reservados y callados, más que hablar, prefieren escuchar; pueden ser buenos conversadores en grupos pequeños
Patrón de renovación	Buscan la estimulación externa por medio del contacto con otras personas y la acción	Buscan la estimulación interna a través de la soledad y la contemplación
Aprendizaje	Aprenden del entorno, a través de la acción; son impulsivos y están dispuestos a asumir riesgos	Aprenden por la observación y a través de la contemplación interna y la introspección; son cautelosos

Figura 2. Los atributos de los extrovertidos y de los introvertidos

La figura 2 muestra otros aspectos en los que difieren los dos temperamentos entre sí en términos de funcionamiento diario. Como puede apreciarse, los dos grupos varían en casi todos los aspectos. Los extrovertidos normalmente asumen más riesgos, obtienen información a través de la acción, rara vez refrenan sus emociones, se sienten energizados por la gente y se presentan de la misma manera en público y en privado. Los introvertidos son cautelosos y solo asumen un riesgo una vez que entienden las «reglas» de una situación dada. Adquieren información a través del pensamiento y la introspección, y son intensos en sus emociones y tienden a embotellarlas dentro hasta que explotan. La gente los fatiga y son como dos personas, una cara al público y otra en privado.

Conocer las diferencias entre los dos temperamentos, tanto en términos de cómo difieren biológicamente entre ellos como en términos de la manera en que se traducen esas diferencias en atributos, es solo el comienzo. Los atributos específicos de cada uno de estos temperamentos pueden tener consecuencias potencialmente adversas (ver la figura 3). Los extrovertidos pueden «quemarse» por la excesiva dependencia del sistema nervioso simpático y el deseo resultante de estimulación continua. Los introvertidos pueden volverse demasiado retraídos cuando se los deja solos durante demasiado tiempo. Además, pueden sentirse nerviosos cuando tienen que pasar demasiado tiempo en situaciones sociales.

Tanto los extrovertidos como los introvertidos tienen cosas que pueden aprender los unos de los otros, comportamientos que pueden emular cuando sea necesario. El extrovertido puede aprender a pensar más a fondo y a relajarse. El introvertido, a su vez, puede aprender a ser más sociable y abierto cuando la situación lo requiere. La figura 3 muestra las intervenciones diseñadas para tratar los potenciales aspectos negativos de cada temperamento. En el próximo capítulo, examinaremos más de cerca los atributos de la introversión, así como por qué la cultura occidental favorece a los extrovertidos y lo que eso significa para aquellos de nuestros hijos que son introvertidos.

	PROBLEMA POTENCIAL	INTERVENCIÓN
E X T R O V E R T I D O S	*Sobrestimulación:* agotamiento como resultado de una dependencia excesiva del sistema nervioso simpático *Subestimulación:* incapacidad para centrarse, aumento de la impulsividad	*Sobrestimulación:* aprender técnicas de relajación, programar períodos cortos de calma y soledad durante el día, aprender técnicas de autocontrol para regular la conducta y ralentizar el pensamiento según sea necesario *Subestimulación:* programar períodos de contacto social y actividad durante el día, aprender técnicas de autocontrol para aumentar la concentración, trabajar durante períodos cortos de tiempo, seguidos de actividad
I N T R O V E R T I D O S	*Sobrestimulación:* aumento de la agitación, mal humor, arrebatos emocionales, retraimiento excesivo *Subestimulación:* retirada y aislamiento	*Sobrestimulación:* programar períodos de soledad durante el día, aprender estrategias para tranquilizarse, buscar la soledad después de largos períodos de contacto social, establecer los límites adecuados en el uso del tiempo *Subestimulación:* programar períodos de actividad durante el día, hacer los ejercicios a diario

Figura 3. La parte negativa de cada temperamento

NOTAS DE CLASE: MITOS EN TORNO A LA INTROVERSIÓN

Si le pides a un educador un sinónimo de *introvertido*, por lo general contestará *tímido* y *reservado*. Rara vez indican los atributos reales de la introversión, por no hablar de sus fundamentos biológicos. Esto se debe, en parte, a la manera en que nuestra cultura occidental ha descrito la introversión como algo negativo, algo que exploraremos en mayor profundidad en el capítulo tres. Esta descripción tácita ha conducido a una serie de ideas sobre la introversión que no están basadas en la investigación y que constituyen una patologización de la introversión que asocia este temperamento con todo tipo de problemas, desde la ansiedad social y el autismo hasta los problemas de integración sensorial y de atención.

Efectivamente, los trastornos mencionados anteriormente pueden afectar a todos los temperamentos. Son condiciones que, a pesar de superponerse a la introversión, influyen mucho más que los sistemas tratados, incluidas todas las áreas de funcionamiento del niño. ¿Qué es, entonces, la introversión? A veces, la mejor manera de entender los verdaderos atributos de la introversión es comprender lo que no es. Como mencioné anteriormente, nuestra cultura apoya una visión negativa de la introversión, basada en suposiciones que distorsionan el valor de la introversión en general (Laney, 2005). Una de tales suposiciones proviene de las ideas originales de Freud sobre la introversión e implica la creencia de que los introvertidos son más narcisistas y centrados en sí mismos que los extrovertidos. Pero la realidad es más compleja. Los introvertidos a menudo pueden parecer estar perdidos en sus propios pensamientos. Sin embargo, esto no es una señal de narcisismo; es solo una cuestión de temperamento. Los niños introvertidos son grandes pensadores, interesados en ideas y sentimientos profundos. De esta manera, pueden aportar mucho a los grupos, siempre y cuando su necesidad de un entorno tranquilo se vea satisfecha y se pueda conseguir que esos grupos sean pequeños.

Una suposición similar es que los introvertidos tienden a rehuir las amistades y prefieren estar solos. Como ya indiqué, a los introvertidos les gusta aprender sobre otras personas. Las amistades, especialmente con gente que ofrece información de forma voluntaria y toma la iniciativa en las conversaciones, son importantes para ellos. Es cierto que puede «parecer» que los introvertidos tienen menos amigos o prefieren una o dos relaciones muy cercanas a una multitud de personas con las que «salir». Pero sí desean el vínculo que conlleva una amistad significativa.

Como se mencionó anteriormente, muchos confunden la timidez con la introversión. En realidad, una persona de cualquier temperamento puede parecer «tímida». El diccionario Merriam-Webster define al tímido como alguien que se asusta fácilmente, que duda en comprometerse o que evita a ciertas personas o situaciones: la timidez va más allá del temperamento y a menudo está arraigada tanto en el entorno como en las experiencias del niño. Aunque la timidez describe los comportamientos que presentan la mayoría de los introvertidos, los extrovertidos tampoco son inmunes a mostrarse tímidos en determinadas circunstancias. Consideremos al estudiante extrovertido al que le encanta ser el «payaso de la clase» pero que evita hablar en público. Puede decirse que es tímido cuando se trata de esa actividad, a pesar de ser extrovertido. O fijémonos en uno de mis primeros ejemplos de mi propia vida: cómo superé mi renuencia a actuar frente a los demás pero, aun así, continué comportándome como una introvertida en muchos otros ámbitos. En general, nuestra cultura sigue etiquetando erróneamente el temperamento asociado a la introversión, tiñendo muchos de los comportamientos asociados a esta con una luz negativa o incorrecta. Este etiquetado incorrecto se filtra al aula y afecta a la capacidad de nuestro sistema educativo para cubrir las necesidades de muchos de nuestros alumnos introvertidos. Los educadores utilizan metodologías que potencian y atraen la extroversión, a la vez que minimizan las actividades que pueden ser más adecuadas para los introvertidos. Esto es cierto, sobre todo, en esta época en que la educación se imparte entre iguales y se basa en tareas de grupo. Empujamos a nuestros hijos introvertidos a hablar más, a pensar de manera más concreta y a limitar la creatividad reduciendo el «tiempo de inactividad» que necesitan las actuaciones más basadas en la creatividad. Y cuando nuestros introvertidos no tienen éxito, convertimos su temperamento en una patología; lo etiquetamos, de nuevo, erróneamente.

En el próximo capítulo, examinaremos algunos de los beneficios de la introversión en el entorno del aula, centrándonos en los puntos fuertes de ese temperamento. Los capítulos cinco a siete se centrarán aún más en las maneras en que aprenden los alumnos introvertidos.

LOS ATRIBUTOS DE LA INTROVERSIÓN. PREGUNTAS Y RESPUESTAS

Tal como se explica a lo largo del capítulo, los extrovertidos y los introvertidos se comportan de diferentes maneras, como resultado de sus diferencias biológicas. Sin duda, estas diferencias han dado lugar a varias preguntas. Aquí están algunas de las que se hacen frecuentemente en mis talleres y a través de cartas y correos electrónicos.

Mi hijo aguanta mucho antes de saltar, pero cuando salta, no suele dar ninguna señal previa: pasa de cero a cien, de estar aparentemente bien a la explosión total. ¿Es esto normal, y cómo podemos nosotros como padres combatirlo?

Sí, los introvertidos tienden a reprimir sus sentimientos y explotan cuando no pueden aguantar más. El resultado: discusiones explosivas y dificultades tanto con las amistades como con las relaciones entre padres e hijos. Esto sucede porque los introvertidos tienen dificultades cuando se trata de hablar abiertamente de sus sentimientos. Responden a determinadas preguntas, pero solo cuando confían en la persona con la que están hablando y cuando disponen de las palabras adecuadas para expresarse. Todo esto puede complicarse aún más si tienes un hijo intenso, bien porque sea superdotado o porque sea muy sensible en otros aspectos. Los padres pueden ayudar a los niños introvertidos a equilibrar este aspecto de su temperamento de dos maneras: primero, creando un clima de confianza con su hijo, y segundo, enseñándole a hablar de sus emociones a una edad temprana. Ayudarlo a normalizar sus sentimientos facilita mucho que el niño introvertido esté dispuesto a hablar de ellos.

En los próximos apartados ofreceré varios consejos que pueden ayudar a aliviar la explosión real o la acumulación de emoción.

¿Cuáles son los diferentes neurotransmisores que influyen en el temperamento, y cómo se relacionan con los atributos de la extroversión y la introversión?

Los dos neurotransmisores principales que se han investigado en relación con el temperamento son la dopamina y la acetilcolina. La dopamina, el principal neurotransmisor responsable del aprendizaje basado en recompensas en el cerebro y vinculado a la activación del sistema nervioso simpático (el de «luchar o huir»), es más utilizada por los extrovertidos. El uso de este neurotransmisor está ligado a la necesidad de los extrovertidos de buscar a otros para recuperarse, así como a su rapidez de pensamiento, su voluntad de asumir riesgos y sus comportamientos orientados a la acción. Los introvertidos tienden a utilizar la acetilcolina como su principal neurotransmisor. La acetilcolina también está implicada en las funciones del sistema nervioso autónomo, y activa muchas de las funciones del sistema nervioso parasimpático (como el «descanso y la digestión»). El empleo de este neurotransmisor por parte de un introvertido está ligado a su pensamiento profundo y a sus fuertes habilidades de concentración, así como a sus aparentemente lentos tiempos de respuesta cuando se comunica y a su preferencia por los entornos tranquilos y silenciosos. Es importante recordar que los humanos utilizan profusamente muchos neurotransmisores durante su funcionamiento diario. Pero entender cuáles son los que más se usan y funcionan de manera gratificante para los extrovertidos y para los introvertidos nos ayuda a comprender por qué influye el temperamento en el funcionamiento diario y de qué manera lo hace.

¿Existe alguna forma de predecir el temperamento a partir de las reacciones excesivas o insuficientes del bebé hacia el entorno?

Los trabajos de Kagan y Snidman (2004) y Laney (2005) sugieren que se puede predecir el temperamento a partir de la sensibilidad del niño a su entorno, y que es más probable que los bebés altamente sensibles sean introvertidos. Dicho esto, yo diría que hay muchas variables que influyen en cómo un niño, especialmente un bebé, interactúa con su entorno. Factores como la cognición, la nutrición, las influencias prenatales y el entorno familiar influyen en gran medida en las reacciones del bebé hacia aquello que lo rodea, además del temperamento. Resultaría imposible controlar todas las variables para tener una idea clara de la forma en que cada una influye en su funcionamiento y sus respuestas. Y no estoy seguro de que sea necesario hacerlo para comprender las respuestas de un bebé e influir en los resultados. Lo más importante, creo, es una comprensión global de cómo trabajan juntos todos los factores para formar y moldear a los niños.

En última instancia, los bebés quieren sentirse seguros dentro de su entorno. Esto implica saber que hay comida disponible, tener refugio y, sobre todo, contar con la presencia de un cuidador que le proporcione contacto y seguridad. Si nos centramos primero en esto, la influencia del temperamento, el desarrollo cognitivo y otros atributos biológicamente enmarcados quedarán claros.

Encuentro que a medida que mi hija se hace mayor, se va volviendo menos introvertida. ¿No contradice esto la idea de que el temperamento es inmutable y una cuestión biológica?

Me encanta esta pregunta. Habla de cambios en nuestra reacción conductual a situaciones ambientales, no de nuestra biología. Los seres humanos constituyen un verdadero equilibrio entre la naturaleza y la crianza. Aunque somos incapaces de cambiar nuestro «equipamiento innato», podemos desarrollar diferentes patrones de respuesta al mundo o nuevos comportamientos. La clave es tomar ese equipo básico y buscar maneras de mejorar nuestra naturaleza, no trabajar en contra de ella. Definitivamente, tanto la introversión como la extroversión presentan aspectos beneficiosos. Trabajar con nuestro cableado individual es la clave para desarrollar nuestro potencial. Y enseñar a nuestros hijos a hacer lo mismo es la clave para que desarrollen el suyo.

Después de advertir las diferencias entre extroversión e introversión, realmente puedo ver que los temperamentos de mis alumnos tienen una gran influencia en su aprendizaje. ¿Qué consejo les das a los educadores sobre el uso de esta información en el aula?

En primer lugar, creo que es importante reconocer el impacto del temperamento en el aprendizaje y en el ambiente del aula. En segundo lugar, creo que es importante crear entornos de aprendizaje algo neutrales que no estimulen ni infraestimulen, sino que proporcionen un lienzo sobre el que se pueda enseñar y crear. Esto significa contemplar con sensibilidad aspectos como los ambientes ruidosos, caóticos y visualmente abrumadores que pueden empujar a un introvertido a una sobrecarga y los ambientes demasiado silenciosos y dispersos que hacen que un extrovertido se acobarde. Una vez que se ha creado un ambiente neutral, el educador puede estudiar la posibilidad de crear un ambiente de seguridad, tanto en términos de asumir riesgos académicos como de permitir interacciones equilibradas entre compañeros. Incluir una variedad de modalidades de aprendizaje y ofrecer oportunidades de desarrollo también puede ayudar a crear ambientes en los que tanto los extrovertidos como los introvertidos puedan desplegar su potencial. Por encima de todo, creo que es importante mantener la mente abierta, ser capaz de ponerse al nivel de los alumnos y de llevarlos a donde uno quiere que lleguen. Esto requiere una comprensión clara de tus propios prejuicios y preferencias y una voluntad de permanecer abierto a los alumnos a pesar de estas barreras potenciales. Puede ser todo un reto, pero mantenerse neutral en términos de juicio es una de las mejores maneras de satisfacer las necesidades de una población estudiantil cada vez más diversa.

EN RESUMEN...

Las ideas más importantes

- Existen diferencias de comportamiento significativas entre los extrovertidos y los introvertidos.
- Los introvertidos prefieren pensar y escuchar.
- Los introvertidos buscan la soledad para recuperarse.
- Los introvertidos necesitan tiempo para reflexionar sobre las preguntas antes de responderlas.
- Los introvertidos son pensadores profundos y a menudo reprimen sus emociones hasta que explotan.
- Tanto a los extrovertidos como a los introvertidos les beneficia mantener un equilibrio en su temperamento.

Complementos

- Figura 2. Los atributos de los extrovertidos y de los introvertidos, página 45.
- Figura 3. La parte negativa de cada temperamento, página 47.

Capítulo

3

PLENAMENTE CAPACITADOS

A mí me gusta ser como soy, más reservada y tranquila
que la mayoría de la gente. Me parece que puedo pensar
con más claridad que muchos de mis amigos.

Blake, 17 años

Los dos capítulos anteriores perfilaban las diferencias biológicas que hay entre los extrovertidos y los introvertidos, así como las diferencias de comportamiento que hay entre ellos, subrayando los atributos positivos y los negativos. Una vez examinadas, se hace evidente que nuestros ideales culturales occidentales se inclinan más hacia lo extrovertido. Tanto nuestras empresas como nuestros sistemas educativos basan su funcionamiento en los grupos de personas, celebramos la idea de que «todos en grupo somos mejores que cada uno de nosotros por separado» y fomentamos las «comunidades profesionales» como el axioma que todos deberíamos adoptar. Dirigimos la enseñanza hacia la media, insistiendo en que al hacerlo podemos llevar a todos a un cierto nivel de logro. Dejamos de lado la creatividad para tener más pensamiento colectivo que encaje en esa media.

Al mismo tiempo, nuestra dicotómica cultura occidental también celebra la individualidad. Pero solo un tipo particular de individualidad: el orador abierto y carismático capaz de cautivar a todo el mundo con facilidad. Celebramos a todo aquel que tiene una destreza física, asume riesgos y se entrega plenamente a la vida. Nos sentimos atraídos por aquellos a quienes se les da bien charlar, tienen muchos amigos y se sienten cómodos entre la gente. Casi todo esto es muy conveniente para los extrovertidos. Pero ¿dónde deja esto al introvertido? ¿Debería el introvertido tratar de ser más extrovertido? Yo diría que no, rotundamente, no. Sin embargo, antes de entrar en eso, quiero dedicar un poco de tiempo a hablar de cómo piensa nuestra cultura acerca de los atributos que suelen asociarse a la introversión. Las descripciones numeradas en la hoja de trabajo n.º 3 (página 59) son todas las que he escuchado en los talleres, mientras asesoraba a los padres, y como parte de mi trabajo como psicóloga escolar. Al considerar cada una de ellas, quiero que decidas si estás de acuerdo o no con cada idea planteada o con cada situación. He realizado este ejercicio con cientos de educadores, padres y alumnos durante los últimos quince años.

A medida que vamos trabajando cada una de estas ideas, se va haciendo evidente que nuestra cultura ha hecho un mal favor a los introvertidos al inculcar un grado de vergüenza a aquellos que demuestran atributos de introversión. Tendemos a etiquetar a los pensadores profundos de distantes y groseros cuando son jóvenes y de raros cuando son mayores. Las personas que huyen de sus amigos y de sus obligaciones sociales nunca llegarán a la cima en el mundo de la empresa y a los niños que se aíslan de los

HOJA DE TRABAJO N.° 3

Examinando mis creencias (para padres)

Instrucciones: Lee cada una de estas nueve declaraciones y determina si estás de acuerdo, en desacuerdo o ninguna de las dos cosas.

	DE ACUERDO	EN DESACUERDO	NI DE ACUERDO NI EN DESACUERDO
1. Los introvertidos son personas tímidas			
2. Los introvertidos parecen solitarios y tienen pocos amigos			
3. Los introvertidos son más egocéntricos que otros			
4. Los introvertidos parecen deprimirse con más frecuencia que los demás			
5. A los introvertidos les cuesta hacer amigos			
6. Los introvertidos necesitan aprender habilidades sociales			
7. Los introvertidos parecen distantes			
8. A los introvertidos su timidez les resulta un obstáculo			
9. Los introvertidos tienen que hacerse más extrovertidos			

Fíjate en tus respuestas y reflexiona sobre tus ideas. ¿Qué opinas sobre la introversión?

¿Sientes que ser introvertido es una desventaja en nuestra cultura, algo que necesita ser cambiado?
¿Cuáles son los inconvenientes de la introversión? ¿Y las ventajas? Utiliza esta información para, a partir de ella, intentar entender tus sentimientos subyacentes acerca del temperamento.

demás se los tilda de discapacitados sociales de alguna manera. La verdad es que la introversión no es ni el narcisismo descrito en la época de Freud ni algo que se deba «arreglar» como a menudo se considera en nuestro mundo moderno. Para poder ayudar a los introvertidos a superar la vergüenza debida a una cultura que tradicionalmente no los ha aceptado, es importante entender primero los aspectos positivos de la introversión. Muchos niños introvertidos desarrollan creencias profundas a una edad temprana que los guían a lo largo de sus vidas. Esto está relacionado con su tendencia a buscar respuestas desde dentro. Como consecuencia, a menudo dependen menos de la validación externa y más de sus puntos fuertes internos. Además, muchos introvertidos son pensadores divergentes, que analizan el mundo desde un punto de vista altamente creativo. La soledad inherente a la introversión es algo que suele estar estrechamente vinculado a la creatividad (Cameron, 1992). Esta creatividad innata establece el escenario para el desarrollo de potentes habilidades de resolución de problemas, así como para el pensamiento innovador que tanto se desea en nuestro mundo moderno.

Además del proceso de pensamiento impulsado internamente y el pensamiento creativo sobre el que ya he hablado, la mayoría de los introvertidos nacen con una propensión natural hacia una inteligencia emocional mejor desarrollada. Daniel Goleman considera la inteligencia emocional, definida como la capacidad de adquirir y aplicar información emocional, al menos tan importante como el desarrollo cognitivo. Postula que la inteligencia emocional depende del desarrollo de competencias en cinco áreas: la autoconciencia o la capacidad de reconocer las propias emociones; el autocontrol o la capacidad de manejar las propias emociones de un momento a otro; la automotivación o la capacidad de actuar de manera apropiada sobre las emociones, lo que incluye el desarrollo de la autodisciplina; la empatía o la capacidad de comprender las emociones de otra persona, y las relaciones o la capacidad de desarrollar relaciones íntimas con los demás (Goleman, 1998). En la medida en que tienden a reflexionar y a procesar emociones y sentimientos profundos a nivel interno, estos puntos fuertes suelen darse de forma natural en las personas introvertidas.

Como ya he mencionado previamente, la capacidad de establecer relaciones íntimas es uno de los atributos de la inteligencia emocional. A primera vista puede parecer que un introvertido, por su tendencia a alejarse de la gente, puede tener dificultades en este ámbito. En realidad, la mayoría de los individuos introvertidos se interesan por cómo funciona el mundo, y eso también incluye lo que motiva a la gente. Esto les da el potencial de desarrollar fuertes vínculos con los demás, ya que su necesidad de comprender puede llevarlos a profundizar más en sus conversaciones.

El pensamiento profundo, la innovación, la inteligencia emocional y la construcción de vínculos significativos son algunos de los dones más comunes de los introvertidos que pueden aportar a los demás. Mencionaré algunos más en los próximos capítulos. Para obtener una lista completa de atributos, así como de los puntos fuertes y los riesgos potenciales en cada área, consulta la figura 4, que encontrarás más adelante, en el apartado de preguntas y respuestas de este capítulo.

NOTAS DE CLASE: FOMENTAR LOS ASPECTOS POSITIVOS DE LA INTROVERSIÓN EN EL AULA

Como he mencionado anteriormente en este capítulo, es evidente que las personas introvertidas tienen muchos atributos que pueden traducirse en aspectos positivos en el aula. Reflexionar sobre la información recibida en las clases, abordar las tareas desde un punto de vista creativo, tener empatía con los demás, desarrollar una motivación intrínseca y demostrar la capacidad de desarrollar relaciones íntimas y significativas son todos atributos que un introvertido aporta a la escuela. Desafortunadamente, no todas las aulas son adecuadas para los estudiantes introvertidos. A veces, el entorno es ruidoso y sobrestimulante. Otras veces, se pone demasiado énfasis en las actividades de grupo al comienzo del año escolar, lo que impide que el estudiante introvertido se sienta cómodo. Y, en algunos casos, el plan de estudios se centra en el tipo de procesos mentales que favorecen la neurobiología extrovertida. Las aulas que realzan los aspectos positivos de la introversión son lugares que proporcionan tranquilidad, pero que no resultan estériles. Permiten cierta libertad en la forma de realizar el trabajo, no exigen que los estudiantes trabajen constantemente en grupos y ofrecen una mezcla equilibrada de tareas rápidas y profundamente atractivas. Los maestros en estas aulas se toman el tiempo necesario para conocer a sus alumnos, proporcionan un lugar seguro en el que asumir riesgos académicos es una parte natural del aprendizaje y entienden que el estudiante introvertido a menudo sabe más de lo que aparenta saber. La tercera parte de este libro, «Los niños introvertidos en el colegio», cubrirá muchas de las maneras en que los introvertidos aprenden, así como estrategias específicas para mejorar los numerosos puntos fuertes de la introversión. Por ahora, es importante centrarse en redefinir la introversión para ti como educador y aprovechar los muchos beneficios que los introvertidos pueden aportar a tu clase.

UNA FORTALEZA SILENCIOSA. PREGUNTAS Y RESPUESTAS

Puede que vivamos en una cultura que apoya y exalta la extroversión como el ideal, pero las personas introvertidas también tienen mucho que ofrecer al mundo. Las siguientes preguntas y respuestas abordan los puntos fuertes de los introvertidos, incluso en una cultura que a menudo es ruidosa y caótica.

¿Cuáles son algunos de los puntos fuertes y problemas de la introversión?

A lo largo de este capítulo, he explorado los detalles característicos del introvertido, observando tanto los puntos fuertes más típicos como algunas de las dificultades que presentan. La figura 4 es una lista que resume algunos de los atributos de la introversión, incluidos los aspectos negativos y positivos de cada uno. Como puede observarse en ella, los introvertidos sacan a la luz muchos aspectos positivos. La capacidad de pensar creativamente, perseguir intereses con pasión y obtener un profundo significado de la vida son atributos que pueden llevar a un intenso nivel de satisfacción cuando se cultivan. Esto es lo que los introvertidos tienen para ofrecer cuando se les permite desarrollar sus aptitudes al máximo.

¿Tiene algo de malo ser introvertido?

Esto es como preguntar si hay algo malo en ser rubia. O si hay algo malo en tener dificultades para mantener las cosas organizadas.

Simplemente es lo que es, es como una persona está programada. Dicho esto, hay algunos aspectos de la introversión que pueden ser más problemáticos que otros. Por ejemplo, tener dificultades para interactuar con los compañeros, algo que puede ser típico de los introvertidos más jóvenes, puede ser un problema en un entorno escolar en el que hay gran cantidad de actividades en grupo o lugares limitados para que el introvertido se aleje de la multitud durante la comida. De la misma manera, algunos introvertidos tienen dificultades con el exceso de información visual, auditiva o emocional, lo que provoca ciertas conductas problemáticas. Esto puede ser un problema en lugares muy públicos, como un centro comercial o los parques de atracciones. Sin embargo, estas dificultades no tienen por qué impedir que el introvertido interactúe con el mundo. Los próximos capítulos se centrarán en varias estrategias que pueden ayudar a los niños introvertidos y a sus padres a aprender a sobrellevar algunas de las dificultades con las que se enfrentan los introvertidos.

¿Qué consejo puedes darles a los introvertidos para que aprovechen sus puntos fuertes?

Creo que lo más importante es que el introvertido tome conciencia de cómo le afecta su introversión, tanto positiva como negativamente, y que desarrolle estrategias para hacer frente a los aspectos de la introversión que son un problema. La hoja de trabajo n.º 4 (página 67) ayudará al niño introvertido y a sus padres a identificar algunos de los impactos, positivos y negativos, de la introversión. Una vez que se ha determinado esta información, se encuentran estrategias apropiadas en los capítulos siguientes de este libro que pueden ser útiles para enseñar a los introvertidos a sacar partido a sus muchas aptitudes.

VENTAJAS	POSIBLES PROBLEMAS
Pensadores profundos	Puede que den demasiadas vueltas a cosas simples
Altamente creativos e innovadores	Tardan mucho en terminar las tareas
Trabajan bien por su cuenta	Puede que tengan dificultades para colaborar
Curiosos	Pueden resistirse a cambiar a algo nuevo
Piensan antes de actuar	Construyen vínculos y relaciones profundos
Demasiado cautelosos	Puede que al principio les cueste hacer amistades

Figura 4. Los atributos de los introvertidos

¿Cuál es la diferencia entre introversión y timidez?

Esta es probablemente la pregunta más frecuente que me hacen sobre la cuestión del temperamento. Como ya he comentado anteriormente en este libro, la timidez se refiere a comportamientos como ser retraído, suspicaz, apocado o reacio. Puede ser un comportamiento vinculado a un tipo concreto de situación o algo que se presenta en diversos entornos. Y, a diferencia de la introversión, es algo que depende en gran medida del contexto y el entorno.

Por otra parte, la introversión no depende de factores ambientales. Los introvertidos no son cautelosos o desconfiados por definición, pero pueden comportarse de esa manera si el entorno es nuevo para ellos. Además, muchos individuos tímidos pueden ser reacios a interactuar socialmente, mientras que los introvertidos pueden disfrutar de las conexiones sociales, pero se fatigan con demasiadas de esas conexiones.

Para mí, la manera más fácil de recordar la diferencia es tener en cuenta que la timidez es un comportamiento que puede ser exhibido tanto por los introvertidos como por los extrovertidos y que generalmente está influenciado por las reacciones de la persona a su entorno.

Como educador, veo a mis alumnos introvertidos luchando con los atributos que has descrito. ¿Cómo puedo ayudarlos a ver algunas de sus dificultades como puntos fuertes en potencia?

Esta es una muy buena pregunta. Al igual que la pregunta anterior, centrarse en qué consecuencias tiene la introversión para el alumno, tanto positivas como negativas, es un primer paso muy importante para poder trabajar con el alumno introvertido.

Usa la hoja de trabajo n.º 4 con el alumno introvertido y ayúdalo a determinar lo que la introversión significa para él. Luego, ayúdalo a enmarcar los aspectos del temperamento que ha identificado como problemáticos vistos bajo una luz nueva y positiva. Por ejemplo, si ha identificado su renuencia a participar en un grupo como una fuente de angustia, procura que lo vea como la capacidad de funcionar bien independientemente y que desarrolle una estrategia para trabajar en grupo. Ayudar al estudiante de esta manera hará que acepte en poco tiempo sus puntos fuertes concretos y específicos.

HOJA DE TRABAJO N.º 4

Los aspectos positivos de mi introversión

Instrucciones: Lee el atributo y determina si en tu caso se cumple, y cómo te sientes al respecto. Es importante que indiques qué representa para ti un problema o una preocupación.

ATRIBUTO	EN MI CASO ES CIERTO (S/N)	ESTO ES LO QUE SIENTO AL RESPECTO
Tiene un pensamiento profundo		
Es muy creativo e innovador		
Trabaja bien él solo		
Tiene curiosidad		
Se para a pensar antes de actuar		
Construye conexiones y relaciones profundas e íntimas		
Puede que dé demasiadas vueltas a cosas simples		
Tarda mucho en terminar las tareas		
Puede que tenga dificultades para colaborar		
Puede que se resista a cambiar a algo nuevo		
Es excesivamente cauteloso		
Puede que al principio le cueste hacer amistades		

EN RESUMEN...

Las ideas más importantes

- Los introvertidos tienen cualidades positivas o dones.
- La cultura occidental a menudo malinterpreta los atributos de la introversión y los etiqueta con términos como *narcisismo*, *grosería* y *distanciamiento*.
- Los introvertidos son pensadores profundos y disfrutan aprendiendo cosas nuevas.
- Los introvertidos tienen una tendencia natural a pensar de manera creativa e innovadora.

Complementos

- Hoja de trabajo n.º 3. Examinando mis creencias (para padres), página 59.
- Figura 4. Los atributos de los introvertidos, página 65.
- Hoja de trabajo n.º 4. Los aspectos positivos de mi introversión, página 67.

4

Con sus propias palabras
UNA CUESTIÓN
DE TEMPERAMENTO

Hace diez años, empecé a incorporar el tema del temperamento a mis talleres relacionados con los dones. En
cada taller, alguno de los asistentes expresaba algún tipo
de gesto de «¡ah!», de darse cuenta, de repente, de que eso de la
introversión o la extroversión era lo que estaba ocurriendo en
su propia casa.

Cierta noche, mientras me preparaba para impartir un taller, una persona que participaba con frecuencia llegó temprano.
Quería contar algunas de sus experiencias recientes relativas al
temperamento vividas en su casa y cómo el hecho de haber po-
dido saber y comprender más cosas sobre la introversión y la
extroversión había tenido una influencia positiva en su familia.
A su relato le siguieron otros dos, cada uno de participantes diferentes.

El siguiente relato es una combinación de esas tres experiencias que se contaron aquella noche. Se han cambiado todos los nombres, así como algunos de los datos identificativos. Pero el relato sigue siendo muy significativo para ayudarnos a comprender lo que es el temperamento y su repercusión en el funcionamiento de la familia.

Siempre pensé que entendía a mi marido y a mis hijos. Después de todo, había sido esposa durante más de catorce años y madre durante doce. Pero resulta que no sabía tanto como creía. Nuestra casa es como la mayoría de las que hay en mi barrio de clase media. Mi marido y yo trabajamos a jornada completa. Él es un directivo intermedio en una empresa de la zona, con un horario normal y un salario razonable. Yo trabajo en un colegio de la zona, impartiendo Literatura Inglesa a alumnos de secundaria. Tenemos tres hijos: un niño de cinco años, una niña de diez y una niña de once. Como la mayoría de las familias de mi barrio, gastamos demasiado dinero, dedicamos demasiado tiempo a nuestros trabajos y pasamos muy poco tiempo con nuestros hijos. La mayoría de las noches, estoy demasiado cansada para ocuparme de los niños y de mi marido. Me quedo hasta tarde corrigiendo trabajos y a menudo me encuentro queriendo esconderme en cuanto llego a casa. Desafortunadamente, mi esposo y mis hijos suelen tener otros planes. Cada noche los niños quieren contarme todo lo que han hecho y todo lo que les ha ocurrido a lo largo del día con pelos y señales. A ellos les gusta que los ayude con los deberes, aunque no «necesiten» mi ayuda en absoluto. Creo que les gusta que esté cerca. En realidad, me encanta pasar tiempo con ellos, me encanta oírlos hablar de cómo han pasado el día y ver qué deberes tienen. Pero, después de estar todo el día dando clase y toda la tarde corrigiendo, cuando llego a casa estoy completamente agotada. Por la noche, mi marido suele querer contarme sus aventuras laborales. Antes solíamos pasar mucho tiempo contándonos nuestro día. Ahora, aunque me encanta oírlo hablar de sus cosas, estoy cansada y lo que quiero es irme a dormir. Por la noche, una parte de mí desea esconderse y fingir que estoy sola. Pero esa idea me hace sentir culpable. Es decir, ¿qué madre no quiere que sus hijos y su marido le cuenten sus cosas del día a día? Así que simplemente me guardo esa frustración arbitraria que siento y me concentro en ser una buena madre y esposa. Hasta que exploto sin ningún motivo, lo que sucede con demasiada frecuencia. Al menos eso era lo que solía pasar, antes de que aprendiera acerca del temperamento. Sucedió durante un taller sobre niños superdotados. La ponente expuso unas ideas sobre la extroversión y la introversión; afirmó que a los extrovertidos les gustaba «recuperarse» al final del día hablando y conectando socialmente, mientras que los introvertidos necesitaban soledad para recuperarse. Cuanto más hablaba la ponente sobre estos dos tipos de temperamento, más me convencía de que gran parte de mi inútil frustración en casa estaba relacionada con ello. Me fui a casa e hice mi propia investigación; descubrí que en cuanto a la extroversión y la introversión realmente se trataba de cómo se recupera emocionalmente cada persona. Empecé a pensar que mi problema en casa era que yo era introvertida, mientras que los otros miembros de mi familia no lo eran. Cuanto más observaba a mis hijos y a mi marido, más empezaba a comprender que las diferencias de temperamento lo explicaban todo.

Después de un mes reflexionando y dándole vueltas al asunto, decidí acudir a la ponente del taller y pedirle su opinión. A la semana siguiente, quedé con ella para tomar un café y le pregunté sobre las características concretas de la introversión. Me explicó que los introvertidos pueden alterarse cuando están con personas extrovertidas, sobre todo si ya están cansados por haber pasado mucho tiempo con otras personas. A continuación, me puso el ejemplo de una profesora a la que conocía que era introvertida y, aunque su trabajo le gustaba mucho, le resultaba agotador. Pues sí, eso era lo que me ocurría. El trabajo me dejaba agotada. Yo también me sentía «exhausta» después de un día de trabajo. Necesitaba descansar un rato para poder recuperarme antes de conectarme con mi familia. Después de pasar una hora hablando, sentí que finalmente había descubierto mi fuente personal de incomodidad en casa. Hablé con mi marido, le hablé de mi tendencia a la introversión, y pensamos entre los dos cómo reorganizar las tardes de manera que pudiera pasar un tiempo «a solas» antes de volver a casa. Al cabo de una semana, noté una diferencia significativa en la forma en que interactuaba con mi familia. Ya no llegaba inquieta a casa, y me di cuenta de que podía disfrutar de nuevo pasando tiempo con mis hijos y mi marido. Solo necesitaba reservarme suficientes momentos para recuperarme a solas. Entender mi temperamento, así como el temperamento de mis hijos y de mi marido, fue una de las cosas más importantes y significativas que he aprendido. Al darnos a cada uno lo que necesitamos según nuestro temperamento, hemos logrado crear un hogar que funciona, en el que todos estamos a gusto.

Este relato es solo un ejemplo de cómo la comprensión del temperamento puede influir en las formas en que los padres pueden organizar el entorno para mitigar los efectos negativos que se presentan cuando alguno de los miembros de la familia (padre, madre o hijos) se agota emocionalmente y no consigue recuperarse de una manera adecuada. En mi propia casa, somos tres introvertidos y un extrovertido. Entender cómo las necesidades de mi hija extrovertida no se veían satisfechas en el mundo de introversión creado en casa, así como entender por qué su energía entraba en conflicto tan a menudo con la mía, ha sido una bendición. Me ha permitido saber que tengo que dedicar un tiempo al final del día para recuperarme antes de volver a casa, para poder conectarme con ella y permitirle que me cuente sus cosas sin reaccionar mal ante su frenética energía.

La siguiente parte ilustrará algunas maneras específicas en que las familias pueden adaptarse a las diversas necesidades de los hogares en los que conviven personas de distintos temperamentos, así como el enriquecimiento que supone tener tanto introvertidos como extrovertidos en la casa.

Segunda parte

LOS NIÑOS INTROVERTIDOS EN CASA

Los padres tienen la responsabilidad de preparar a sus hijos para la edad adulta. Cuando se es padre de un niño introvertido, esta responsabilidad puede ser un desafío. Como mencioné anteriormente, nuestro mundo está dirigido a los extrovertidos. Pero ¿qué ocurre con los introvertidos? ¿Qué hay de sus puntos fuertes y dones únicos? ¿Cómo encajan en nuestro mundo? Y ¿cómo mejorar los puntos fuertes de tu hijo en un mundo que no siempre expresa tolerancia hacia su temperamento?

Los próximos capítulos examinan la labor de criar a niños introvertidos, analizando los ambientes que favorecen su pleno desarrollo, así como las necesidades tanto de los extrovertidos como de los introvertidos en el hogar, y trabajando con amplios sistemas de apoyo.

Cuando empieces a hacer un balance de tu vida familiar, es importante que examines la realidad de tu entorno familiar actual, así como aquello que funciona y lo que puede necesitar ajustes. Tómate un momento para rellenar el cuestionario n.º 2 (página 77) antes de pasar a los siguientes capítulos.

CUESTIONARIO N.º 2

Ideas sobre la crianza de los hijos introvertidos

1. Conozco mi temperamento y el temperamento de los demás miembros de mi familia.

    ❏ Verdadero   ❏ Falso

2. Cuando se trata de criar a mis hijos, creo que sí importa el temperamento.

    ❏ Verdadero   ❏ Falso

3. Los mayores retos a los que me he enfrentado al criar a mis hijos introvertidos son .... (completar la frase).

4. Creo que antes mi familia estaba más orientada hacia un temperamento u otro.

    ❏ Verdadero   ❏ Falso

5. Mis hijos tienen distintos temperamentos (introversión y extroversión).

    ❏ Verdadero   ❏ Falso

6. Si he respondido «verdadero» en el número 5, eso significa que creo que las mayores dificultades para criar una familia de temperamento heterogéneo han sido .... (completar la frase).

Cuando hayas terminado, reflexiona un momento sobre tus respuestas y considera las siguientes preguntas: ¿cuáles son tus principales objetivos en relación con esta parte del libro? ¿Qué respuestas esperas encontrar? Dedica unos momentos a escribir lo que piensas sobre la crianza de los introvertidos y el ambiente familiar en lo que se refiere a los introvertidos.

5

CÓMO SENTAR LAS BASES

Mis padres no me entienden. Quieren que tenga un montón
de amigos. Pero yo soy feliz siendo tal como soy.

Olivia, 12 años

Una crianza eficaz de los hijos comienza tanto con la comprensión del niño como con la comprensión de cómo influye el entorno familiar en las reacciones conductuales de los niños. La primera parte del libro se centraba en explicar los atributos básicos del temperamento, así como en determinar qué miembros de tu familia son introvertidos. Esta parte se enfoca en los métodos de crianza utilizados con los introvertidos. Y el mejor punto de partida es exponer ideas sobre la crianza de los hijos que funcionen especialmente bien con la introversión, ideas que establezcan una base sólida de apoyo para el introvertido.

Los niños introvertidos funcionan mejor en ambientes predecibles que son tranquilos, organizados y permiten períodos de descanso. Con el estilo de vida ajetreado y caótico de hoy en día, esto no siempre es fácil de conseguir.

Afortunadamente, las mismas condiciones que ayudan al niño introvertido también constituyen los cimientos de una crianza efectiva. Determinados atributos –las expectativas claras con respecto a la conducta, la clara definición de las consecuencias, los límites, las reacciones predecibles de los padres y las oportunidades para involucrarse en el hogar a través de las tareas domésticas, así como los comentarios del niño con respecto a las reglas y las consecuencias– contribuyen a establecer una base sólida para el niño introvertido.

Antes de pasar a examinar las cualidades específicas de cada uno de estos atributos, dedica un momento a rellenar la hoja de trabajo n.º 5 (página 83). Esto te ayudará a centrarte en las características específicas de tu familia.

La mayoría de los padres saben lo importante que es asegurarse de que todos los miembros de la familia comprendan las reglas, así como marcar con claridad las expectativas y las consecuencias relativas tanto a una buena conducta como para una conducta menos buena. Los introvertidos responden bien a esta previsibilidad porque necesitan entender exactamente lo que se espera de ellos con respecto a los quehaceres domésticos y otras responsabilidades, así como a su comportamiento. De esta manera nos aseguramos de que se cumplan las normas la mayor parte del tiempo.

Es importante señalar que la mayoría de los niños introvertidos cumplirán con las expectativas de la familia siempre y cuando no se sientan desbordados. Sin embargo, cuando se ven abrumados o desbordados, se vuelven particularmente tercos o se niegan a cumplir con muchas de las reglas más sencillas y bá-sicas. Esta situación puede empeorar cuando los padres reaccionan con dureza, exigiendo que se cumplan a pesar del poco tiempo que se le da al niño para procesar lo que se le pide y calmarse.

Además de ser conveniente que entiendan claramente las reglas y las expectativas del hogar, los niños introvertidos funcionan mejor cuando tienen unas rutinas predecibles. Tener una rutina a la hora de acostarse, así como tareas y rutinas matutinas, puede hacer mucho por el niño introvertido en términos de crear un ambiente seguro y acogedor. Prepararlo para cambios en la rutina siempre que sea posible también puede transmitir esa sensación de seguridad en momentos que puedan ser muy complicados.

Cuando las reglas y las expectativas son claras, y se siguen las rutinas, los niños a menudo se esfuerzan por complacer a sus padres. Pero ¿qué sucede cuando esto no es así? ¿Hay métodos de disciplina que son más efectivos que otros?

Así como es importante tener expectativas claras, es igualmente importante que estén bien definidas las consecuencias de los comportamientos. Por ejemplo, si la expectativa es que los niños se hagan la cama antes de irse a la escuela, debería haber una consecuencia tanto para el cumplimiento como para el incumplimiento de esa norma.

Muchas veces los comportamientos tienen consecuencias naturales. Pero cuando estas son demasiado espaciadas o no motivan lo suficiente para ayudar a manejar el comportamiento, es importante que se establezcan unas consecuencias y se hable sobre ellas con los niños. Siguiendo con el ejemplo anterior de hacer las camas, una de las consecuencias de cumplir esta norma podría ser lograr tiempo para dedicarlo a una actividad preferida, mientras que la falta de cumplimiento podría significar no lograr ese tiempo.

En la mayoría de los casos, el mejor compromiso con el cumplimiento de las normas se obtiene cuando el enfoque de la disciplina es de naturaleza positiva. Este tipo de disciplina pone al niño a cargo de las consecuencias en la medida en que su comportamiento determina la respuesta, tal como ocurre en la vida. Eliminamos así el forcejeo emocional y de poder que a menudo puede producirse cuando se impone la disciplina.

Este tipo de disciplina positiva es particularmente efectiva con los niños introvertidos porque evita que se sientan abrumados por el drama emocional que puede surgir cuando las consecuencias son punitivas. Además, proporciona un espacio para respirar, permite pensar de antemano en las reacciones y hace que tanto el padre como el niño se enfríen. Todo esto funciona a favor del temperamento del introvertido.

Las dificultades de comportamiento se presentan con cualquier niño de vez en cuando. Estas dificultades son a menudo una respuesta a la sensación de estar desbordado por el entorno. Con los niños introvertidos se pueden mitigar manteniendo la calma y sin dejarse llevar por las emociones al corregirles el comportamiento. Como mencioné antes en este capítulo, los introvertidos no responden bien a las exigencias de cumplimiento, especialmente cuando van acompañadas de gritos, si se les regaña o si se les habla con aspereza. A menudo se vuelven rígidos, tercos y explosivos. Puede resultar de gran ayuda para los padres recordar que las dificultades de comportamiento son algo normal en el crecimiento. Por otra parte, tomarse el replanteamiento de una conducta como un momento pedagógico es una buena manera de mantenerse centrado en la disciplina positiva. La hoja de consejos n.º 1 (página 85) contiene una serie de preguntas· que puedes hacerte para determinar si tus métodos de disciplina son de naturaleza positiva o no.

HOJA DE TRABAJO N.º 5

Las bases del funcionamiento de la familia en casa

Instrucciones: Lee cada una de estas frases pensando en tu familia y tu hogar, y determina si estás de acuerdo, en desacuerdo o ninguna de las dos cosas. Para aprovechar mejor esta oportunidad, haz que cada miembro de la familia rellene una hoja de trabajo.

	DE ACUERDO	EN DE-SACUERDO	NI DE ACUERDO NI EN DE-SACUERDO
1. En casa, todos conocen las normas de comportamiento y lo que se espera de cada uno			
2. Las reglas tienen sentido para los miembros de la familia			
3. Cada miembro de la familia sabe las consecuencias de saltarse una regla			
4. Las consecuencias se aplican de manera coherente			
5. Cada miembro del hogar conoce su papel en la estructura familiar			
6. Cada miembro del hogar respeta los límites de los demás			
7. Los padres son predecibles y coherentes en sus reacciones hacia los niños			
8. Todos los miembros de la familia tienen sus propias tareas y saben cuáles son			
9. Los niños participan en algunas de las decisiones de la familia o de la casa			
10. Cada uno de los miembros del hogar tiene la oportunidad de contribuir a su buen funcionamiento			

Al repasar la hoja de trabajo, ¿qué te llama la atención? ¿Hay desacuerdo entre los miembros del hogar? ¿Hay algún área que necesite aclaración?

Otro factor que interviene en el establecimiento de una sólida base familiar para los introvertidos es trazar y mantener límites claros entre todos los miembros del hogar. Esto significa establecer a los padres como padres y a los hijos como hijos.

El papel de los progenitores en la estructura familiar implica el establecimiento de reglas y consecuencias, el apoyo en la toma de decisiones saludables para todos los miembros de la familia y guiar a los niños hacia el desarrollo de una fuerte resiliencia y buenas habilidades sociales. Ponerles unos límites claros permite que los niños sigan siendo niños dentro de la estructura familiar, algo importante en nuestra cultura actual, que tiende a precipitar a los niños hacia roles adultos antes de que estén preparados desde un punto de vista emocional. Tener unos límites bien definidos es especialmente beneficioso para los introvertidos, al igual que tener una estructura familiar clara.

El establecimiento de límites claros no se restringe a la relación entre los padres y los hijos; también implica límites entre ambos padres, así como entre los hermanos. En cuanto a los padres, es importante que cada uno de ellos permita que el otro forme su propia relación con los hijos. Mantener límites apropiados tales como no interferir cuando uno de los progenitores está disciplinando a los niños o cuando está dirigiendo su comportamiento es una gran manera de ayudar a los niños a respetar a ambos padres por igual. Cuando hay un desacuerdo entre los padres, deben discutirlo cuando los hijos no estén delante ni lo oigan.

HOJA DE CONSEJOS N.º 1

Disciplina positiva

Plantéate la siguiente pregunta relacionada con la disciplina:

* ¿Cuál es mi método actual de disciplina?

Teniendo en cuenta tu método actual para mantener la disciplina, responde a las siguientes preguntas:

* ¿Esto le enseñará a mi hijo mejores habilidades para tomar decisiones?
* ¿Cambia la disciplina la mala conducta?
* ¿Reduce esto la necesidad de más disciplina?
* ¿Estoy enfadado cuando enseño disciplina a mis hijos?
* ¿Soy impulsivo con respecto a la disciplina?
* ¿Cuál es mi meta con respecto a la disciplina?

La disciplina positiva se centra en enseñar o volver a enseñar competencias y no en las consecuencias punitivas. Cada vez que te parezca que tu forma de aplicarla o de enseñarla no está siendo eficaz, dedica un tiempo a valorar cómo estás empleando la disciplina.

En cuanto a los hermanos, es importante que al niño introvertido se le permita un espacio personal: una parte de una habitación que pueda llamar suya o una habitación separada. Disponer de este espacio le permite crear un santuario que podrá usar para un «minidescando» cuando necesite renovarse.

Además de establecer un espacio personal, es importante que los niños introvertidos sientan que tienen privacidad. Esto significa enseñar a los demás miembros del hogar a respetar el «tiempo a solas» del niño, recordando llamar a la puerta antes de entrar en su habitación o respetando un tiempo específico reservado como «tiempo de silencio». Hacer esto le da al niño introvertido el espacio y el tiempo que necesita para descansar del ajetreo del día o de los miembros de la familia extrovertidos. La hoja de consejos n.º 2 (página 87) contiene algunas preguntas que tanto tú como tus hijos podéis utilizar como recordatorios para establecer los límites adecuados.

Mencioné antes que los niños introvertidos funcionan mejor cuando se mueven en un ambiente predecible. Esto se extiende más allá de las rutinas y expectativas domésticas, hasta las reacciones de los padres mismos. Cuanto más estable y predecible sea la reacción de cada uno de los padres, más capaz será el niño introvertido de adaptarse a la situación y de sentirse seguro en el entorno.

Los ambientes en los que los padres son coherentemente firmes, pero calmados, tienden a producir los resultados más positivos con los niños introvertidos. Los entornos en los que la reacción de los padres parece arbitraria y caótica a menudo les provocan sentimientos de ansiedad. Y los niños introvertidos no reaccionan bien ni siquiera a pequeñas cantidades de estrés, frente al cual a menudo muestran un comportamiento retraído, o bien, rígido y explosivo.

Pero ¿cómo pueden los padres permanecer tranquilos y serenos todo el tiempo? La respuesta es que no pueden, y no se debe esperar que estén tranquilos las veinticuatro horas del día, los siete días de la semana. Los padres son, antes que nada, humanos y, como tales, están sujetos a altibajos emocionales y cambios en su comportamiento, como todo el mundo.

La clave para reaccionar de una manera estable y tranquila la mayor parte del tiempo es saber cuáles son los asuntos más delicados, es decir, aquellos que normalmente provocan respuestas emocionales fuertes y a veces abrumadoras. Bueno, ya sé que a todos nos gustaría creer que eso a nosotros no nos ocurre demasiado. Y tal vez eso sea cierto para ti cuando estás tranquilo y bien descansado. Pero, en el mundo de hoy, ¿con qué frecuencia sucede eso? Pasamos gran parte del día cansados y emocionalmente agotados. Y si eres como la mayoría de los padres, seguramente no te cuidas a ti mismo en todo momento. En alguno de esos momentos de descuido, estas cuestiones «delicadas» pueden ser un desencadenante importante, y cuando se pulsa el botón, ¡cuidado!

HOJA DE CONSEJOS N.º 2

Recordemos los límites

- ¿Cuál es tu papel en la relación?
- ¿Estás respetando los límites de quienes te rodean?
- ¿Están respetando tus propios límites?
- ¿Sabes qué hacer cuando no se respetan tus límites?

Controlar tu propia respuesta conductual puede requerir cierto esfuerzo, especialmente en momentos de estrés. Y no puedes esperar que tu hijo maneje sus emociones cuando tú no puedes manejar las tuyas. La hoja de consejos n.º 3 (página 88) enumera algunas preguntas de autorreflexión que puedes utilizar para ayudarte a controlar tus reacciones. Estos también son consejos que puedes seguir para aplicarlos con tus hijos mientras van aprendiendo a manejar sus propias reacciones.

Como mencioné en capítulos anteriores, las personas introvertidas tienden a desarrollar conexiones a un nivel más profundo. La creación de unos cimientos en el hogar que fomenten un sentimiento de comunidad mejora la capacidad natural del niño introvertido para desarrollar relaciones. Una manera de lograr esto es involucrándolo en las tareas diarias del hogar y en la toma de algunas decisiones (como a dónde ir de vacaciones o qué hacer en una noche de juegos en familia).

Las tareas son importantes para los niños por diferentes motivos. Tener la responsabilidad de mantener su habitación limpia, ayudar con la preparación de las comidas y la limpieza y cuidar de la mascota de la familia son actividades que les enseñan tanto el respeto por sus cosas como a ser disciplinados. Además, las tareas son un vehículo que puede reforzar la participación del niño en la gestión del hogar.

HOJA DE CONSEJOS N.º 3

Cómo controlar mis reacciones

- ¿Estoy prestando atención a mi reacción emocional hacia mis hijos?
- ¿Mi hijo me ha «pillado» emocionalmente?
- ¿Soy capaz de mantenerme fuera del drama?
- ¿Me estoy manteniendo centrado en los resultados?
- ¿Soy capaz de mantener la calma o necesito tomar un descanso?

Otra forma de conseguir que los niños puedan concebir la familia como equipo es a través de reuniones familiares. Más que ser un tiempo para que los padres compartan información, las reuniones familiares pueden proporcionar un foro para que los niños se expresen y cuenten lo que piensan sobre temas significativos para la familia. Es importante tener en cuenta que, en un principio, estas reuniones pueden ser difíciles para el niño introvertido. Al sentirse incómodos con cualquier forma de confrontación o cuando se espera que respondan rápidamente a las preguntas, muchos niños introvertidos se mostrarán reacios a hablar de los problemas. Sin embargo, al hacer de las reuniones una parte normal de la rutina familiar, así como al permitir diversas formas de participación, el niño introvertido finalmente aprenderá a utilizar este tipo de vehículo como un medio para conectarse y participar en las decisiones familiares.

Ningún capítulo que aborde la crianza de niños introvertidos puede estar completo si no trata el tema de las conversaciones difíciles que los padres necesitan tener con sus hijos. Vivimos en un mundo lleno de riesgos potenciales para nuestros hijos. El sexo y el consumo de drogas y alcohol son áreas a las que los adolescentes se enfrentan mucho antes de empezar en el instituto. ¿Cómo pueden los padres abordar mejor algunas de estas cuestiones, especialmente cuando los niños introvertidos rehúyen niveles tan intensos de conversación? La clave está en desarrollar una sólida capacidad de comunicación mucho antes de que surja la necesidad de este tipo de conversaciones. Los niños introvertidos, como expuse en capítulos anteriores, tienen un pensamiento penetrante capaz de establecer conexiones profundas y rara vez son impulsivos en la toma de decisiones. Esto funcionará a favor de la reducción de las conductas de riesgo. Pero esto no hace que el niño introvertido sea inmune a los riesgos;

de hecho, su renuencia a la confrontación podría colocarlo en mayores niveles de riesgo.

Establece un plan con tus hijos con respecto a las conductas de riesgo. Asegúrate de que entiendan tus expectativas y las reglas que gobiernan tales comportamientos. Trabajad en colaboración para organizar un plan que aborde qué hacer cuando se encuentren metidos en situaciones de alto riesgo. Háblales de forma habitual y frecuente sobre estos temas, asegurándote de que sepan que te sientes cómodo hablando con ellos, pero sin que se vean obligados o presionados. Recuerda que los niños introvertidos pueden sentirse demasiado incómodos ante este tipo de conversaciones y, por tanto, retraerse. Y tampoco confundas esto con desinterés. Continúa comunicándoles tus pensamientos y opiniones cuando se presenten determinadas situaciones.

He mostrado ya en páginas anteriores varias maneras de crear una base familiar sólida y, ahora, los capítulos que vienen a continuación cubren áreas adicionales en las que los padres pueden lograr un impacto significativo: desarrollar la capacidad de recuperación y responder al estrés y la ansiedad de una manera sana. Pero, antes de llegar a eso, echemos un vistazo al ambiente del aula y a unas cuantas preguntas y respuestas sobre la crianza de los hijos.

NOTAS DE CLASE: CÓMO FIJAR LAS EXPECTATIVAS A LA LUZ DEL CONCEPTO DE TEMPERAMENTO

Las aulas constituyen, muchas veces, un microcosmos de nuestra sociedad. Como tal, es de esperar que un maestro tenga niños extrovertidos y niños introvertidos en una proporción de dos a uno. Conseguir que un aula en la que hay una mezcla de temperamentos funcione de forma efectiva puede ser todo un reto, ya que cada temperamento necesita su propio conjunto de condiciones óptimas para desarrollar su potencial. Si se añaden otros factores como las diferencias culturales, de idioma, de estilos de aprendizaje y de sexos, no es de extrañar que muchos profesores sientan que ya es suficientemente difícil mantenerse al día con las exigencias, como para además tratar de establecer un entorno que mejore y optimice el aprendizaje.

No cabe duda que establecer expectativas en un aula tan diversa no es tarea fácil. Pero entender cómo funcionan los diferentes temperamentos puede dar una idea de cómo establecer los parámetros de referencia en cuanto a lo que cabe esperar de cada niño. Los niños extrovertidos a menudo prosperan en aulas animadas por la actividad y los estímulos sensoriales. Disfrutan con las dinámicas de colaboración, suelen tener una buena memoria a corto plazo, trabajan bien con ejercicios repetitivos y necesitan estimulación para progresar en el aprendizaje. Los principios de enseñanza actuales que enfatizan la dinámica de grupo, el procesamiento rápido y el dominio de los hechos y los datos encajan perfectamente con la forma en que la mayoría de los alumnos extrovertidos funcionan en clase.

Los niños introvertidos, por otro lado, rinden mejor cuando se enfatiza la creatividad y el pensamiento reflexivo. Sacan más provecho a una forma de aprendizaje en la que se profundiza en los conocimientos, más que en la que se acumulan conocimientos. A menudo son pensadores divergentes y prosperan cuando se les da tiempo suficiente para procesar y demostrar sus conocimientos. No se benefician del formato de cuestionario rápido que existe en muchas de las aulas de hoy en día. Además, no responden bien al castigo público ni a los métodos de confrontación de la disciplina en el aula.

Dadas las diferencias, ¿cómo puede un maestro establecer expectativas para ambos conjuntos de temperamentos? La clave, creo, radica en cómo se estructuran las actividades del aula. Es esencial que haya un equilibrio entre las actividades grupales y las individuales. Además, permitir niveles más profundos de estudio sobre los temas y la diversidad dentro de las tareas permite que los niños de ambos temperamentos desarrollen al máximo su potencial en el entorno educativo.

Mantener en el aula un equilibrio entre los objetivos de éxito personal y las actividades en grupos pequeños y permitir además el pensamiento diverso, la resolución creativa de problemas y el aprendizaje no tradicional son algunos de los medios que contribuyen a sacar lo mejor de los niños de ambos temperamentos. Por último, garantizar que el aula esté a salvo del acoso escolar en todas sus formas, en particular de la sutil agresión relacional que puede producirse fácilmente sin que el profesor sea consciente de ello, permite que todos los niños se sientan seguros y estén más dispuestos a asumir riesgos académicos.

LA EDUCACIÓN DE LOS HIJOS INTROVERTIDOS. PREGUNTAS Y RESPUESTAS

Satisfacer las necesidades del niño introvertido puede ser difícil, especialmente si uno de los padres o ambos son extrovertidos. En las clases sobre la crianza que he impartido durante los últimos diez años, a menudo surgen preguntas sobre cómo establecer una base sólida para ayudarlo a superar su introversión. Con frases como «ayudar a mi hijo introvertido a salir de su caparazón» y «¿Cómo puedo hacer que sea más sociable?».

Como puedes ver, a menudo, las preguntas no van enfocadas a reforzar las múltiples habilidades del introvertido sino a «corregir» su temperamento.

A continuación, encontrarás algunas de las preguntas más típicas que me han hecho a lo largo de los años, junto con información específica que se ha elaborado para desarrollar los puntos fuertes de la introversión, así como para minimizar algunos de los problemas que se presenten.

¿Existe el ambiente hogareño «ideal» para una persona introvertida?

Estaría muy bien que hubiera una respuesta de libro de recetas para todo, ¿no? Pero, desafortunadamente, no existe una respuesta única para todos los casos. Sin embargo, hay algunas cosas que funcionan mejor con los niños introvertidos. Por ejemplo, estos funcionan mejor en un hogar que sea tranquilo, que esté organizado y en el que no haya demasiado desorden. Se desarrollan mejor cuando las dinámicas son predecibles y rutinarias. Por otra parte, los niños introvertidos también funcionan mejor cuando se les da su propio espacio (un dormitorio o una zona específica en un dormitorio compartido) que puedan decorar a su gusto. Cuanta más autonomía tengan en ese espacio, mejor. Necesitan un lugar cómodo donde puedan relajarse y aislarse del mundo, sobre todo si están participando en una serie de actividades sociales o rodeados de mucha gente durante largos períodos de tiempo.

Algunos otros elementos ambientales que pueden ayudar a los niños introvertidos son rutinas predecibles a la hora de acostarse y levantarse, en relación con los deberes, etc.; tener la oportunidad de estar solos; reducir la presión cuando se han excedido en el tiempo; una alimentación equilibrada que contenga proteínas, y un horario de comidas regular. Todo esto puede ayudarle a recuperarse y funcionar de la mejor manera posible.

¿Cuál es la manera más efectiva de disciplinar/reprender a un niño introvertido?

Como todos los niños, los introvertidos responden mejor a las estrategias de comportamiento positivas que se centran en ver los problemas de comportamiento como oportunidades para enseñarles o volver a enseñarles una aptitud específica de la que carecen. Por ejemplo, los niños introvertidos a menudo se cierran cuando se los presiona demasiado. Este comportamiento puede ser confundido con ser grosero o estar desmotivado. En realidad, el comportamiento es tanto una respuesta a estar abrumado por las demandas del entorno como un indicador de que el niño puede carecer de la aptitud social esencial de ser capaz de pedir un descanso o ayuda. Si un padre responde enojándose y castigando a su hijo, se pierde la oportunidad de enseñarle la habilidad que le falta y es probable que el niño se vuelva a comportar de esa manera. Por el contrario, los padres deben centrarse en enseñarle la aptitud que le falta, así como en establecer límites claros en cuanto al comportamiento.

Esto no quiere decir que no deba haber consecuencias para los comportamientos problemáticos. La vida no funciona así. Pero la consecuencia debe ir acompañada de un entendimiento o razón subyacente a ese comportamiento y ser proporcionada y congruente. Yo recomendaría responder en tres pasos a este tipo de comportamiento. Primero, incita al niño a pedir un descanso o ayuda diciendo algo como «parece que quizás necesites tomarte un descanso». Si reacciona tomando un descanso, elogia tal comportamiento cuando retome la tarea. Céntrate en enseñar la aptitud que falta después de que el problema haya pasado.

Hay veces en que el niño no responde apropiadamente a esta incitación. Puede que grite en respuesta o hable en un tono irrespetuoso. En ese momento, yo aconsejaría que se le diera «tiempo libre». Lo que el niño y, probablemente, el padre o la madre necesitan es un descanso para calmarse y tranquilizarse. Esto se puede lograr mediante el tiempo libre, así como con algunas de las otras estrategias ya mencionadas en el capítulo. Después de la pausa, una consecuencia natural podría ser tener que disculparse. Si el arrebato verbal inapropiado era particularmente grave, una consecuencia podría ser también la pérdida de un privilegio durante un corto período de tiempo. Es importante recordar que el mal comportamiento es una oportunidad para que el niño aprenda una habilidad. No debe convertirse en una lucha de poder, especialmente con el niño introvertido.

¿Qué estrategias puedes emplear para que tus hijos introvertidos cuenten cosas de su día a día?

Como ya mencioné anteriormente en este capítulo, a los padres nos encanta intentar que nuestros hijos introvertidos hablen en los momentos más inoportunos, como por ejemplo justo al salir de la escuela o después de una gran reunión social. Este es uno de los peores momentos para intentar que el niño introvertido hable. Seguramente necesitará su tiempo para procesar las experiencias que ha tenido durante el día antes de estar preparado para contarlas.

Una vez que tengas claro en qué momento hacerle preguntas sobre el día, hay algunas cosas que puedes hacer para ayudar a tu hijo a abrirse. Ante todo, hay que evitar las preguntas de sí o no, porque si se le da la oportunidad, un niño introvertido contestará «no» o «no lo sé». Además, hay que darle el tiempo suficiente para que conteste cada pregunta. Y, por último, cuando conteste, es conveniente pedirle que explique o aclare contenidos de sus respuestas, para facilitar la conversación.

La siguiente hoja de consejos puede servirte como recordatorio para ayudar a tu hijo a comunicarse contigo.

HOJA DE CONSEJOS N.º 4

Cómo conseguir que mi hijo introvertido se abra

- Cuando salga del colegio o de alguna actividad social, dale un tiempo para que se relaje antes de entablar una conversación.
- Hay que tener cuidado con las preguntas de sí o no.
- Dale tiempo para que procese la información.
- No dispares demasiadas preguntas a la vez.
- Permite que tu hijo tenga el espacio y la opción de no contestar.
- Busca otras oportunidades para comunicarte como, por ejemplo, durante un paseo en coche, o mientras laváis los platos. Muchos niños introvertidos son más propensos a abrirse cuando se sienten menos presionados a hablar.

¡Ayuda! Uno de mis hijos es extrovertido y los otros dos son introvertidos. ¿Tienes algún consejo para suavizar las batallas que se libran en un hogar de temperamento heterogéneo?

La mezcla de temperamentos es algo a lo que se enfrentan casi todos los hogares en los que hay varios niños. La clave para manejar esta situación es establecer un ambiente que esté equilibrado entre satisfacer las necesidades de los introvertidos (tranquilos y organizados) y las necesidades de los extrovertidos (vibrantes y sociales) y permitir que todos los miembros de la familia desarrollen sus potenciales de manera óptima. Para los introvertidos, esto puede significar tener límites claros que permitan el tiempo de inactividad que necesitan, lejos de los extrovertidos de la casa. Para los extrovertidos, puede significar programar algún tiempo social durante el día y centrarse en la creación de vínculos.

En cualquier caso, cuanto más puedan comprender todos los miembros del hogar tanto sus propios matices de temperamento como los de los demás, mejor. Dedica un momento a revisar la hoja de trabajo n.º 1 (página 32) para recordar cuáles son los temperamentos que hay en tu casa. La clave del equilibrio comienza con esta información.

En mi aula definitivamente hay una mezcla de temperamentos. ¿Qué puedo hacer para ayudar a asegurar la comodidad de mis estudiantes introvertidos?

Los introvertidos necesitan un ambiente tranquilo para el aprendizaje, algo de lo que hablo extensamente en la tercera parte. Un entorno tranquilo se puede lograr a través de estrategias similares a las comentadas anteriormente para el hogar. Rutinas predecibles, expectativas claras y un enfoque autoritario de la enseñanza, todo ello le permitirá a un introvertido sentirse cómodo en el aula. Otros factores que pueden hacer que se sienta cómodo son el equilibrio entre las actividades grupales y las individuales, la flexibilidad con respecto a los proyectos orales y el tiempo para procesar la información. Estas estrategias ayudarán a sacar lo mejor del niño introvertido.

EN RESUMEN...

Las ideas más importantes

- Los introvertidos se manejan mejor en entornos tranquilos y organizados.
- Los introvertidos responden mejor cuando las expectativas son claras, los límites son específicos y hay oportunidades para conectarse con la unidad familiar.
- Los introvertidos necesitan espacio personal y tiempo personal para renovarse.
- Las dificultades conductuales pueden surgir cuando el niño introvertido se siente abrumado.
- Los niños introvertidos responden mejor a la disciplina positiva, a las rutinas predecibles y a los estilos de crianza autoritarios.

Complementos

- Hoja de trabajo n.° 5. Las bases del funcionamiento de la familia en casa, página 83.
- Hoja de consejos n.° 1. Disciplina positiva, página 85.
- Hoja de consejos n.° 2. Recordemos los límites, página 87.
- Hoja de consejos n.° 3. Cómo controlar mis reacciones, página 88.
- Hoja de consejos n.° 4. Cómo conseguir que mi hijo introvertido se abra, página 96.

Capítulo
6

CÓMO FOMENTAR
LA RESILIENCIA

Estoy harta de sentir que no encajo, harta de avergonzarme
de lo tímida que soy en cualquier situación.

Sun, 13 años

La resiliencia, definida por el diccionario Merriam-Webster como la capacidad de recuperarse o adaptarse al cambio, es una herramienta necesaria en el mundo actual, que se encuentra en constante cambio. Los padres son los primeros educadores de sus hijos en esta área fundamental y marcan la diferencia entre que el niño desarrolle un fuerte nivel de resiliencia o sea vulnerable a los caprichos caóticos de la vida, al contar con pocos recursos emocionales a los que recurrir para obtener apoyo.

Los investigadores han determinado tres atributos predominantes de la resiliencia: el desarrollo de un fuerte sentido de autonomía o dominio sobre el propio entorno, la capacidad de conectarse profundamente con los demás y encontrar apoyo y consuelo en ese sentido y la capacidad de manejar la propia reactividad emocional ante las situaciones de la vida, y varios subdominios dentro de los atributos que contribuyen al marco de la resiliencia (Prince-Embury, 2005). Todos estos aspectos entretejidos pueden proporcionar a los niños una capa de protección contra las dificultades de la vida. En las próximas páginas, examinaré los diversos atributos y señalaré los diferentes riesgos que pueden correr los niños introvertidos, así como las estrategias para que los padres reduzcan los factores de riesgo y fomenten la capacidad de recuperación.

Como mencioné anteriormente, el desarrollo de un fuerte sentido de autonomía sobre el propio entorno es uno de los factores fundamentales para el desarrollo de la resiliencia. Los niños introvertidos, que rara vez sienten que tienen el control de su entorno en casa y en la escuela, pueden tener dificultades en esta área a medida que crecen y se desarrollan. Una mirada más atenta al desarrollo de la autonomía puede dar una idea de por qué los niños introvertidos pueden tener dificultades, así como indicar las estrategias que los padres pueden usar para minimizar los posibles impactos negativos.

El optimismo, o la capacidad de ver los aspectos positivos de la vida, es un factor importante en el desarrollo de la autonomía sobre el propio entorno. Además, la capacidad de adaptarse a los imprevistos que surgen en la vida sin sentirse abrumado es otro aspecto importante para aprender a dominar el entorno. Ambos factores pueden ser un tanto problemáticos para los niños introvertidos. Cuando estos se ven abrumados por las demandas del entorno, se bloquean. Los cambios en la rutina a menudo resultan en terquedad por parte del niño introvertido en un intento de restablecer el control que siente que ha perdido. Cuando eso ocurre, puede negarse a aceptar cualquier tipo de ayuda y adoptar un punto de vista pesimista, ya que las exigencias de la vida comienzan a desbordar su temperamento. Al final, si no se le enseña a recuperar cierta autonomía sobre la situación, se producirá una explosión, y todo porque el niño se «quedó bloqueado».

Ante esta situación, ¿qué podemos hacer los padres? ¿Cómo podemos ayudar a nuestro hijo a prevenir la rigidez y la terquedad que a menudo sobrevienen cuando su control sobre el entorno se ve amenazado?

Creo que la respuesta tiene una doble vertiente. Primero, es importante permitir que el niño tenga tanto control como sea adecuado sobre la situación. La hoja de consejos n.º 5 (página 102) puede ser de utilidad para saber qué preguntas debemos plantearnos a la hora de determinar hasta qué punto podemos dejar que sea él quien elija o controle la situación. Segundo, se le debe enseñar a reconocer qué aspectos de la vida están bajo su control y cuáles no, así como qué hacer al respecto. Al hacer esto, los niños introvertidos aprenden el arte del discernimiento, una habilidad que siempre mejorará su capacidad no solo de desarrollar una sensación de dominio sobre su mundo, sino también de aprender a dejar ir las cosas que están fuera de su esfera de control. Es una habilidad que los ayudará a aprender a regular sus estados de ánimo y a adaptarse a un mundo que no siempre entenderá su forma de ser, las características de la introversión.

Para enseñarlos a discernir, utilizo una técnica que originalmente desarrollé en mi trabajo con niños superdotados, llamada la técnica del *hula hoop*. La hoja de consejos n.º 6 (página 103) describe la técnica y cómo enseñársela a los niños. Úsala cuando tu hijo se esté quedando bloqueado y rígido. Puede ser útil para suavizar la rigidez antes de que se nos escape demasiado de las manos.

HOJA DE CONSEJOS N.º 5

Cómo compartir el control

Las siguientes preguntas de autorreflexión pueden ayudar a determinar cuánta autonomía se le debe dar a un hijo:

- ¿Mi hijo estará seguro con cualquiera de las dos opciones?
- ¿Puede mi hijo tomar esta decisión?
- ¿Qué inconvenientes tiene cada una de las dos decisiones?
- Dejar que sea él quien elija, ¿puede perjudicar en algo el desarrollo de mi hijo?

La autoeficacia, o la creencia de que se puede actuar con éxito en una situación dada, es uno de los últimos factores que influyen en la autonomía. Creer que se es capaz de sortear los altibajos de la vida requiere tanto buenas aptitudes para resolver problemas como la capacidad de buscar ayuda cuando sea necesario. Los niños introvertidos suelen ser innovadores en la resolución de problemas. Usando su tendencia natural a buscar conexiones complejas, a menudo son capaces de resolver la mayoría de los problemas cuando se les concede suficiente tiempo para pensar. La complicación surge cuando se espera que trabajen más rápido de lo que les resulta cómodo o cuando necesitan pedir ayuda. Estas dos situaciones pueden representar un reto para el niño introvertido e influir negativamente en el desarrollo general de las habilidades de autoeficacia. Los padres pueden apoyar a los niños introvertidos animándolos a pedir ayuda, enseñándoles algunas habilidades de extroversión de «supervivencia» y perfeccionando sus habilidades de resolución de problemas. Se abordará todo esto en los próximos capítulos. Por ahora, vamos a centrarnos en la enseñanza del discernimiento y la adaptabilidad como medio eficaz para fomentar el desarrollo de la autonomía.

HOJA DE CONSEJOS N.º 6

La técnica del *hula hoop*

- Imagina que hay un *hula hoop* o algún otro círculo en el suelo.
- Métete en el medio.
- Todo lo que está fuera del círculo está fuera de tu control. Esto incluye a los amigos, la familia, la escuela..., todo. ¡Excepto tú!
- Tienes el cien por cien del control sobre todo lo que está dentro del círculo, lo cual incluye tus pensamientos, sentimientos, creencias y acciones.

La próxima vez que algo te altere, usa esta técnica y decide si es algo que puedes controlar o no. Si lo es, ¡genial! Puedes cambiarlo para cambiar cómo te sientes. Pero si no lo es, tienes que dejarlo ir y seguir adelante.

Antes de pasar a los otros aspectos de la resiliencia, quiero señalar que uno de los atributos más fuertes de la introversión está relacionado con el desarrollo de un sentido interno de dominio sobre el propio entorno. Para tener una sensación de dominio es necesario creer en la capacidad de tener cierto control sobre el mundo que te rodea. Los introvertidos, por naturaleza, no buscan confirmación o validación en el exterior. Confían en sus aptitudes y diálogos internos como medida de su capacidad para dominar sus sentimientos y su entorno. Este atributo se puede adiestrar para que se convierta en una cualidad significativa a medida que los niños introvertidos comienzan a usar esa tendencia natural de discernimiento hacia el desarrollo de una fuerte autoeficacia.

La construcción de conexiones de apoyo es otro aspecto fundamental de la resiliencia. Aunque voy a tratar los aspectos sociales de la introversión, quería tomarme un momento para hablar de ello en lo que se refiere a la resiliencia. Edificada sobre la base de los factores de la aceptación, la comodidad y el apoyo, la construcción de conexiones puede ser tanto un reto como una cualidad potencial para los niños introvertidos.

No es que los niños introvertidos sean tímidos por definición. Les interesan mucho las personas, y a menudo quieren conocerlas a un nivel más profundo. Sin embargo, no siempre se sienten cómodos cuando están cerca de la gente, sobre todo en grupos grandes. En estas situaciones, el introvertido a menudo se siente abrumado, por lo que se repliega.

La aceptación también puede repercutir en la creación de relaciones afectivas. Si el niño introvertido ha sido aceptado tanto por sus padres y hermanos como en el colegio, es más probable que sea fuerte a la hora de relacionarse y que tenga una mayor resiliencia. Sin embargo, si ha sido rechazado o malinterpretado como consecuencia de su introversión, puede ocurrir lo contrario y volverá a sentirse abrumado y tenderá a retraerse.

Los padres pueden ayudar a sus hijos introvertidos a desarrollar vínculos fuertes y de apoyo proporcionándoles una base saludable dentro del hogar, como ya comenté en el capítulo cinco. Además, pueden ayudarlos a desarrollar lo que yo llamo un círculo de apoyo, un recordatorio visual del sistema de apoyo del niño. Este círculo de apoyo puede servir como un recordatorio cada vez que el niño se retrae en cuanto se siente abrumado. La hoja de trabajo n.º 6 (página 106) describe el círculo de apoyo. Rellena este formulario con tu hijo para ayudarlo a aumentar su confianza y a forjar vínculos personales.

Quizás uno de los aspectos más difíciles de trabajar de la resiliencia sea la sensibilidad emocional. Involucrando las reacciones emocionales de un niño a las situaciones y el nivel de recuperación que demuestra, la sensibilidad emocional puede ser un área difícil para los introvertidos. Como ya he comentado en la primera parte del libro, los niños introvertidos a menudo se guardan dentro las emociones hasta que estallan. A primera vista, puede parecer que están manejando los reveses con paso firme, pero la mayoría de las veces, están pensando demasiado en las emociones y embotellándolas en su interior antes de explotar. La respuesta al estrés a menudo tarda más tiempo en desencadenarse en el introvertido que en sus compañeros extrovertidos. Sin embargo, los introvertidos se sienten más incómodos con los sentimientos asociados con dicha respuesta, lo cual resulta en una reacción más intensa a niveles relativamente bajos de ansiedad o estrés.

Las personas introvertidas pueden tardar más en recuperarse, al igual que tardan más en procesar sus cosas. En parte, esto está relacionado con la química de su cerebro. A menudo requerirán un tiempo de inactividad lejos de la familia o los amigos para restablecer una línea de base apropiada. Además, a medida que los niños introvertidos procesan internamente gran parte de su mundo, podría parecer que han alcanzado un estado de calma cuando, en realidad, no lo han hecho. Son vulnerables a que sus emociones se reaviven ante pequeños desencadenantes, lo que hace que tarden más tiempo en alcanzar el equilibrio.

HOJA DE TRABAJO N.º 6

Círculo de apoyo

Instrucciones: Haz una lista de todos los lugares donde pasas el tiempo y la gente con la que te sientes seguro en cada lugar. Yo he enumerado algunos lugares y personas, como ejemplo, para que continúes elaborando tu propia lista.

LUGAR O CONTEXTO	PERSONA(S)
Hogar	Madre, padre, hermano, hermana
Colegio	
Parroquia	
Deportes	

Utiliza esta lista para ayudar a tu hijo a formar un «círculo de apoyo» en el que pueda confiar cuando lo necesite. Es importante que los niños introvertidos sepan a quién pueden recurrir cuando necesiten apoyo y qué personas los entenderán.

Una de las mejores cosas que un padre puede hacer para ayudar a estabilizar la reactividad emocional de sus hijos introvertidos es enseñarles hábitos saludables y fomentarlos. Dormir lo suficiente y hacer ejercicio puede ayudar a los niños a mantener el control emocional. Además, prestar mucha atención a los hábitos alimentarios, especialmente a las dietas equilibradas, puede proporcionar el apoyo biológico que los introvertidos necesitan para regular sus emociones.

La figura 5 describe algunos de los hábitos saludables que los introvertidos necesitan para desarrollar su potencial. Ayudar a tu hijo a concentrarse en estos hábitos puede ayudarte también a ti a la vez que favoreces que desarrolle su capacidad para recuperarse. En general, los padres juegan un papel importante en el desarrollo y la consolidación de la capacidad de recuperación de sus hijos. Centrarse en enseñarle a ser independiente, desarrollar autonomía y criterio, construir relaciones afectivas de apoyo y manejar la reactividad emocional, todo ello puede ayudar al niño introvertido a desarrollar su capacidad de recuperación. Este tema volverá a surgir a medida que vayamos explorando otros aspectos de la introversión, incluidos los aspectos sociales y el apoyo a nuestros hijos para que puedan llegar a ser ellos mismos, con sus propias singularidades y particularidades.

NOTAS DE CLASE: CÓMO CREAR UN ENTORNO DE RESILIENCIA EN EL AULA

Así como es importante fomentar la resiliencia en el hogar, también es importante crear un ambiente de aprendizaje que la fomente en clase. El lograrlo o no depende mucho de la forma en la que el educador dirige el aula. Para fomentar la autonomía y el dominio puede dejar en manos de los niños la elección de las actividades de algunas lecciones, e incluso permitirles decidir respecto a parámetros establecidos, como la ubicación del asiento o las recompensas. La inclusión de la elección permite al niño introvertido ejercer cierto nivel de control sobre su entorno, lo que aumenta su resiliencia. Permitir la asunción de riesgos «seguros» en el aula, incluyendo un enfoque en el proceso (no solo en las calificaciones y exámenes), desarrollará su capacidad de hacerse independiente y autónomo y fortalecerá su capacidad general de recuperarse.

Ya señalé anteriormente que equilibrar las actividades de grupo con las actividades individuales era un aspecto esencial para satisfacer las necesidades tanto de las personas introvertidas como de las extrovertidas. Este equilibrio de las demandas sociales también puede contribuir a reforzar la capacidad de recuperación. Proporcionar oportunidades para una colaboración significativa con compañeros de ideas afines, junto con el establecimiento de un ambiente de clase en el que no quepa la intimidación, asegurará que el estudiante introvertido pueda beneficiarse de las relaciones sociales que surgen de forma natural y espontánea como una manera de fortalecer su capacidad de resiliencia.

Los educadores también pueden enseñar control emocional a los niños dentro del entorno escolar. La tendencia educativa actual basada en métodos de intervención en cuanto a las conductas en la escuela, y no solo dentro del aula, se centra en la enseñanza de habilidades sociales que desarrollan las aptitudes en el campo de las reacciones emocionales y la recuperación. Enseñar a los niños cuáles son las expectativas de comportamiento, cómo reaccionar apropiadamente a los impulsos emocionales negativos y cómo manejar su comportamiento tendrá un impacto positivo en la resiliencia en el aula. La enseñanza dirigida

La siguiente tabla refleja los componentes de un estilo de vida saludable y equilibrado. ¿Cuántos hábitos estás poniendo en práctica? ¿Estás ayudando a tu hijo a adquirir hábitos saludables?

HÁBITO	POR QUÉ ES IMPORTANTE	CONSIDERACIONES
Descanso adecuado	Las personas introvertidas necesitan dormir para renovar sus reservas de energía, como mínimo ocho horas por noche para asegurar el funcionamiento adecuado de su cerebro y la estabilización de su estado de ánimo	Apaga los aparatos electrónicos y desarrolla una rutina a la hora de acostarse para ayudar a resolver posibles problemas para dormir
Alimentación sana	Los introvertidos se desempeñan mejor cuando comen a menudo, en pequeñas cantidades, comidas llenas de proteínas. Los «subidones» de proteína a lo largo del día lo ayudan a estabilizar la energía	Cuando las personas introvertidas se agotan, por naturaleza suelen desear azúcares simples y alimentos refinados. Esto puede hacer que la fuga de energía sea más rápida y debe evitarse
Ejercicio diario	Los introvertidos tienden a vivir en su propia mente y renunciar a la actividad. Sin embargo, hacer ejercicio a diario, incluso durante poco tiempo, los ayudará a recargar los suministros de energía cada vez más escasos y a controlar el estrés	Cualquier tipo de actividad es buena para los introvertidos. Pero hay que tener cuidado con el ejercicio por la noche, ya que puede causar problemas para dormir
Relajarse y relacionarse	Los introvertidos necesitan un equilibrio entre la soledad y las relaciones para lograr estabilizarse óptimamente. Tómate tiempo para ayudar a tu hijo a que se desestrese y se renueve, así como a que se conecte a nivel social	Si notas que tu hijo (o tú mismo) se está retirando de todo contacto social o que está nervioso, fíjate en su nivel de estrés. Lo más probable es que sus reservas de energía se hayan agotado debido al estrés. Ayúdalo a dedicar un poco de tiempo a tranquilizarse y renovarse

Figura 5. Hábitos saludables para las personas introvertidas

a estas áreas beneficia especialmente a los niños introvertidos, ya que aprovecha su tendencia natural a la introspección y a la regulación interna.

En el próximo capítulo, abordaré la cuestión de cómo conseguir crear un ambiente de seguridad dentro del aula, una técnica que mejorará las estrategias de resiliencia que aquí se mencionan.

CÓMO FOMENTAR LA RESILIENCIA. PREGUNTAS Y RESPUESTAS

Como he mencionado a lo largo de este capítulo, la resiliencia consiste en la capacidad de recuperarse de los reveses y ajustarse a las malas pasadas que te juega la vida. Como padres, es una aptitud que podemos ayudar a nuestros hijos a desarrollar. Enfocarse en ayudar a los niños a desarrollar un fuerte sentido de sí mismos, manejar sus emociones y forjar vínculos sólidos con los demás puede mejorar su capacidad de recuperación.

Las siguientes preguntas son las que han surgido durante los últimos cursos para padres y hablan de muchas de las presiones que estos pueden sentir cuando se trata de ayudar a sus hijos a desarrollar esta habilidad.

¿Los errores que cometo como padre dañarán a mi pobre hijo de por vida?

Esta es una de las preocupaciones más comunes que escucho de los padres: el temor de que de alguna manera una decisión que uno toma cause un daño irreparable a sus hijos. En realidad, todos los padres causan algún daño al bienestar emocional de sus hijos, del mismo modo que todos los cónyuges causan en alguna medida dolor emocional a su pareja. Sé que esto no es lo que esperabas que dijera, pero es la verdad. Así que, ahora que lo hemos aclarado, puedes dejar de preocuparte por ello.

Sí, en serio, deja de preocuparte. Nosotros, como padres, no tenemos todas las respuestas para nuestros hijos. Nos enfadaremos cuando no debamos, podemos decir cosas que nos gustaría retirar y les fallaremos de alguna manera. Cuanto antes lo aceptemos, antes podremos superar la culpa y avanzar hacia el objetivo de ser los mejores padres que podamos en un momento dado. Al aceptar que no vamos a ser perfectos como padres, podemos soltar la presión y cambiar nuestro enfoque para tratar de ser padres conscientes, conscientes de las necesidades de nuestros hijos. Al estar atentos y discernir, somos capaces de «ver» las situaciones con más claridad y ayudar a nuestros hijos.

Así que evitemos los sentimientos de culpa que suelen sufrir los padres y concentrémonos en hacerlo lo mejor posible en cada momento. Haz preguntas, lee libros y desarrolla tus capacidades; el resto se irá resolviendo por sí mismo.

¿Cuáles serían los indicadores de que mi hijo introvertido es resiliente?

En principio, la resiliencia abarca tres atributos distintos: la confianza de tener cierta autonomía sobre el entorno, la habilidad de construir relaciones significativas y el dominio sobre las propias emociones. Lo mismo sucede con las personas introvertidas. Ayudar a tu hijo a adquirir estos atributos es una manera de asegurar el desarrollo de una fuerte resiliencia.

Responde las preguntas del cuestionario n.º 3 (página 113) para evaluar los puntos fuertes y débiles de la resiliencia de tu hijo. Si detectas algún área de debilidad, repasa el capítulo y concéntrate en las estrategias para fortalecer esa área.

¿Cuál es la mejor manera para mí, como padre, de fomentar la resiliencia en mi hijo introvertido?

La resiliencia se desarrolla cuando los niños se sienten seguros en su entorno. Como comenté en este capítulo, los introvertidos se sienten más seguros dentro del ambiente del hogar cuando las rutinas y las reacciones de los padres son predecibles. Cuando se establece esto, los niños introvertidos desarrollan resiliencia de manera natural.

Sin embargo, la vida rara vez es predecible o rutinaria. Por consiguiente, ¿cómo puedes ayudar a tu hijo introvertido a prepararse para las inevitables malas pasadas que nos juega la vida? La respuesta, creo, está en las estrategias de este capítulo. Centrarse en los hábitos saludables de la figura 5 (página 109), así como enseñar y practicar la técnica del *hula hoop* (página 103), les dará a tus hijos una base sólida para desarrollar su resiliencia. Ayudarlos a que desarrollen un sentido de autonomía sobre su entorno y a que aprendan a manejar su temperamento único y a entender su introversión fomentará aún más su resiliencia y los preparará para la vida adulta.

Yo, como progenitor, ¿cómo puedo ayudar a mi hijo introvertido a verse a sí mismo como fuerte y no solo como «tímido»?

Ah, sí, el factor «timidez». A muchos padres de niños introvertidos les preocupa que su hijo se considere tímido de por vida. Como mencioné en la primera parte del libro, la timidez en realidad tiene poco que ver con el temperamento. Se trata de un comportamiento aprendido, y aunque es sin duda más común en los introvertidos en cuanto a cómo interactúan con el mundo, no es una característica definitoria de la introversión.

Para ayudar a un hijo introvertido a superar la timidez que pueda manifestar, es necesario volver a echar un vistazo a las

CUESTIONARIO N.º 3

Cómo de resilientes son mis hijos

1. Mi hijo tiene uno o dos amigos cercanos que lo entienden y lo apoyan.

   ❑ Verdadero   ❑ Falso

2. Mi hijo tiene las habilidades necesarias para resolver problemas o conflictos sociales típicos.

   ❑ Verdadero   ❑ Falso

3. Mi hijo sabe a quién acudir para pedir apoyo cuando las cosas están difíciles.

   ❑ Verdadero   ❑ Falso

4. Mi hijo es normalmente optimista sobre su futuro.

   ❑ Verdadero   ❑ Falso

5. Mi hijo es capaz de controlar sus emociones y recuperarse de los contratiempos.

   ❑ Verdadero   ❑ Falso

Cuando hayas terminado, tómate un momento para reflexionar sobre tus respuestas. ¿Cuáles son los puntos fuertes de tu hijo? ¿Cuáles son las cuestiones que le suscitan preocupación? Piénsalo y apunta lo que se te ocurra respecto al tema de la resiliencia.

estrategias de desarrollo de la autonomía y fijarnos en las peculiaridades de su temperamento. Cuanto más entienda el niño lo que significa ser introvertido, más podrá desarrollar sus muchas cualidades y contrarrestar la idea de la sociedad de que «debería ser» más extrovertido. Esto no quiere decir que el niño introvertido no deba aprender a «hacerse el extrovertido» cuando sea necesario. Como indiqué antes, hay momentos en los que es importante ser más abierto y «extrovertido». Lo comentaré con mayor detenimiento en la cuarta parte de este libro.

¿Es la resiliencia un factor que puede repercutir en el aprendizaje? Y si es así, ¿en qué sentido puede hacerlo?

Sí, la capacidad de recuperación puede ciertamente repercutir en la capacidad de aprendizaje del niño. El aprendizaje es ya por naturaleza una actividad cargada de riesgos. Cada vez que se presenta información nueva, el alumno debe estar dispuesto a asumir el riesgo de poder aprender la nueva información y demostrar que domina ese material. Y el hecho de que una persona esté dispuesta a asumir tales riesgos intelectuales está relacionado con su capacidad de recuperación.

Como he mencionado a lo largo del capítulo, una de las principales características de la resiliencia está relacionada con la sensación de dominio sobre el propio entorno. La autoeficacia, la capacidad de resolver problemas y la adaptabilidad —todo lo que se requiere como parte del proceso de aprendizaje— son áreas que contribuyen a la creencia general del niño en su capacidad de controlar algún aspecto de la vida. Cuando los niños no desarrollan habilidades en estas áreas, la escuela puede dejar de ser un lugar seguro. Y cuando esto sucede, el aprendizaje se resiente.

Entonces, ¿qué puede hacer un educador? Centrarse en ayudar a todos los alumnos a que aprendan a asumir riesgos académicos, incluso a aquellos de temperamento introvertido. Crear un ambiente en el cual el aprendizaje no se mida estrictamente por el rendimiento en un examen o evaluación, sino que sea una evaluación continua a lo largo de todo el proceso de aprendizaje. Y, por último, enseñar a resolver problemas de forma creativa y a pensar de manera no convencional, algo que la mayoría de los introvertidos hacen bien; la innovación nace precisamente a partir de estas habilidades.

EN RESUMEN...

Las ideas más importantes

- La resiliencia implica los siguientes atributos: autonomía con respecto al entorno, vínculos significativos con los demás y una adecuada regulación emocional.
- Desarrollar la resiliencia significa fortalecer estos atributos.
- Los niños introvertidos pueden experimentar dificultades en algún área de resiliencia o en todas ellas.
- A pesar de las dificultades que los niños introvertidos puedan experimentar en un principio, muchas de las características propias de la introversión se correlacionan con una fuerte resistencia a lo largo de la vida.

Complementos

- Hoja de consejos n.º 5. Cómo compartir el control, página 102.
- Hoja de consejos n.º 6. La técnica del *hula hoop*, página 103.

- Hoja de trabajo n.º 6. Círculo de apoyo, página 106.
- Figura 5. Hábitos saludables para las personas introvertidas, página 109.
- Cuestionario n.º 3. Cómo de resilientes son mis hijos, página 113.

Capítulo

7

CONSTRUYENDO UN PUEBLO
MÁS FUERTE

Mi hermana me vuelve loco. Quiere hablar todo
el tiempo: hablar, hablar y hablar.

Caleb, 14 años

En lengua inglesa existe la expresión «se necesita todo un pueblo para...». Cuando se trata de criar a los hijos, así es..., pero no basta con cualquier pueblo. Debe ser un pueblo fuerte. Y en unos hogares y un mundo diversos, cuanto más aprendan todos sobre la tolerancia y el equilibrio de las necesidades de los demás, mejor.

En el capítulo uno rellenaste una hoja de trabajo con el objetivo de determinar el temperamento de cada miembro de tu familia. En la mayoría de las familias se suele descubrir que en casa hay tanto niños introvertidos como niños extrovertidos, al igual que padres (o personas que ejercen la función de padres) de temperamentos heterogéneos, y es probable que esta variedad de temperamentos presente unas dificultades específicas en cada familia.

Los padres que sean introvertidos van a tener más capacidad para comprender a aquellos de sus hijos que también lo sean. Sin embargo, su camino tampoco va a estar libre de posibles obstáculos.

La mayoría de los progenitores de hoy en día tienen tantas actividades de las que ocuparse que deben hacer malabarismos para poder llegar a todo. El trabajo, tanto dentro como fuera de casa, así como las exigencias de la crianza de los hijos dejan exhaustos incluso a los padres más organizados. Si a esto le sumamos las necesidades energéticas normales de las personas introvertidas, es posible que estos padres se sientan alterados debido a que no tienen tiempo para ellos mismos. A menudo, a los padres introvertidos se les agotan las reservas de energía, lo que resulta en una necesidad de tranquilidad y renovación que quizás sean capaces de satisfacer, o que no lo sean. Esto puede llegar a constituir un problema sobre todo en los casos de padres introvertidos con hijos extrovertidos, quienes, al ser tan habladores por naturaleza, los agotan aún más.

Los padres extrovertidos están mejor equipados para lidiar con el ajetreo social de la crianza de hoy en día. Pero a menudo no entienden las necesidades de sus hijos o cónyuges introvertidos. Los padres que son extrovertidos se manejan bien en las relaciones sociales, actividades y asuntos de trabajo en general. Normalmente, planifican demasiado todas las salidas y viajes, sin darse cuenta del agobio que esto puede suponer para los miembros de la familia que son introvertidos. Un ejemplo de esto, que me viene a la cabeza en este momento, es mi padre. Cuando él y mi madre vivían en Hawái, venían al continente cada tres o cuatro meses para visitarnos. Sin embargo, mi padre por lo general llenaba tanto su agenda que, con suerte, me dejaba algún día para poder pasarlo con mi madre. Y no lo hacía porque no le importara lo que necesitáramos nosotras, sino sencillamente porque a él le gustaba estar haciendo cosas todo el tiempo. A mi madre y a mí nos llevó meses conseguir que entendiera que nosotras no podíamos funcionar de esa manera. Necesitábamos tiempo para disfrutar de estar juntas nosotras dos solas. Solas y tranquilas.

Independientemente del posible problema de programar un número excesivo de actividades, los padres extrovertidos a menudo se sienten desconcertados ante lo que hacen sus cónyuges e hijos introvertidos. Pueden percibir la necesidad de su cónyuge de retirarse al dormitorio después de un día ocupado como un acto de abandono, en lugar de como una necesidad de recuperarse. Es posible que vean a sus hijos introvertidos como solitarios y aislados porque rara vez salgan con amigos. Y tal vez vean la constante actitud contemplativa de los introvertidos como una locura. En realidad, cada uno se limita a ver el mundo desde su propia perspectiva única y diferente.

Los hermanos de temperamento diverso también pueden suponer un reto en el hogar. Los introvertidos, aunque tolerantes con sus hermanos extrovertidos, pueden retirarse con demasiada frecuencia, al necesitar aislarse a menudo. La energía colectiva de los hermanos introvertidos puede ser demasiado baja al final de la semana. Esto puede empeorar aún más si los padres también son introvertidos y experimentan bajos niveles de energía. En estos momentos, los introvertidos se beneficiarían de los niveles más altos de energía de los extrovertidos.

Los hermanos introvertidos pueden volverse demasiado irascibles entre sí cuando ambos se ven abrumados por una semana particularmente caótica. Pongamos como ejemplo la familia en la que todos son introvertidos cuando llega el viernes por la noche. Hay muchas probabilidades de que cada miembro de la familia esté escondido en su propio espacio personal, ignorándose unos a otros, o de que se enfaden entre ellos con facilidad debido a la acumulación de frustraciones causadas por sus pérdidas de energía personales.

Los hermanos extrovertidos tienen problemas similares a los que tiene el padre extrovertido. A menudo malinterpretan a sus familiares introvertidos y consideran la necesidad del introvertido de un tiempo de inactividad como abandono. Además, pueden sentirse en desacuerdo con el introvertido, al malinterpretar cada acción desde su punto de vista extrovertido.

¿Cómo pueden los padres ayudar a regular y fortalecer la unidad familiar en medio de la diversidad de temperamentos? Una forma de hacerlo es comprender las distintas necesidades de los miembros de la familia. En mi casa, por ejemplo, tengo una hija extrovertida en una familia de introvertidos. Puede ser muy difícil para ella, ya que el resto de la familia a menudo ansía paz y tranquilidad al mismo tiempo que ella está deseando estar con gente. Para satisfacer mejor su necesidad de estar con otras personas, comencé una rutina de «transición» cuando salgo del trabajo, que consiste en pasar unos veinte minutos en una cafetería que hay cerca de mi casa para relajarme antes de volver al hogar. De esa manera, consigo estar emocionalmente preparada para que me hable de su día y se comunique conmigo de la manera que yo sé que necesita, en cuanto llegue a casa.

A veces el estrés de la sociedad moderna abruma incluso a las familias más fuertes. Las dificultades económicas, las enfermedades, el divorcio y otros factores de estrés pueden hacer que los padres y los hijos se sientan frustrados e intranquilos. Esto puede resultar especialmente problemático en el caso de los introvertidos, ya que necesitan el santuario de un ambiente hogareño tranquilo para poder renovarse cada día. Los padres pueden ayudar a los niños introvertidos a encontrar una cierta dosis de paz incluso dentro de los estresantes extremos que algunas familias se ven obligadas a afrontar. La clave está en ayudar a los niños introvertidos a comprender cómo les afecta el estrés en general, así como lo que pueden hacer al respecto.

El estrés se suele definir como la respuesta física, mental o emocional a aquellas demandas ambientales que provocan alguna forma de tensión. Una respuesta de estrés puede presentarse como resultado de sucesos negativos (como una pelea con un padre o un amigo o la pérdida de la casa de la familia), sucesos positivos (actuar en un recital de baile o en la graduación del instituto) o sucesos más neutros (jugar a un videojuego o ver una película de acción). Independientemente del factor desencadenante —negativo, positivo o neutro—, la respuesta al estrés es básicamente la misma. Y el temperamento puede influir en esa respuesta.

Como he mencionado anteriormente en el libro, los extrovertidos están programados para utilizar la dopamina y su sistema de respuesta de lucha o huida más que los introvertidos. Debido a esto, tienden a vivir en un elevado estado de estrés, lo cual muchas veces los hará recurrir a su respuesta personal al estrés porque es la que les sale más automáticamente. Disfrutan de las sensaciones causadas por el «subidón» suprarrenal: la frecuencia cardíaca rápida, las palmas sudorosas, los músculos tensos. Disfrutan sintiéndose «listos para la acción» en todo momento y a menudo buscan actividades que puedan darles lo que necesitan. Hasta que se queman, claro. Luego tienden a esconderse y retirarse, incapaces de procesar su respuesta al estrés de la misma manera.

Los introvertidos tardan mucho más en activar su ciclo de estrés. Debido a que son pensadores profundos y tienen una

tendencia natural a pensar en las cosas, a menudo evitan completamente las reacciones de estrés a gran escala, racionalizando sus
preocupaciones. Esto suena positivo, ¿verdad? Y lo es. La mayor
parte del tiempo. A veces, sin embargo, sus ciclos de estrés llegan sigilosamente; apenas dan pistas de que van a presentarse, y
entonces no pueden lidiar con ellos.

¿Por qué ocurre esto?

Los introvertidos se sienten incómodos incluso con pequeñas cantidades de estrés. Las presiones que se sienten durante
una prueba pueden ser suficientes para que se bloqueen y se
pongan nerviosos o se agiten demasiado. Los grandes problemas como el divorcio y las dificultades económicas casi siempre
desencadenan una respuesta de estrés significativa en los introvertidos. Y a diferencia de sus compañeros extrovertidos, harán casi cualquier cosa para evitar los sentimientos estresantes y
deshacerse de ellos. Desafortunadamente, la manera más rápida
de librar al cuerpo de los efectos físicos del estrés es a través del
esfuerzo físico, algo que la mayoría de los introvertidos también
evitan cuando se sienten abrumados.

Los padres pueden hacer mucho para ayudar a sus hijos introvertidos a lidiar con el estrés, ya sea que la fuente del estrés
provenga de su casa o de otro lugar. Primero, escucha lo que tus
hijos digan sobre su estrés. Debido a que los niños introvertidos
están constantemente pensando, a menudo pueden aislar la fuente de su estrés. Esto no quiere decir que siempre tengan razón en
su interpretación de lo que están sintiendo. Hay veces en que no
la tienen. Independientemente de su exactitud, conocer su punto
de vista con respecto a su estrés te dará un punto de partida para
entrenarlos en mejores maneras de manejar los sentimientos.

Luego, es importante que los padres revisen la técnica del
hula hoop (página 103). Esta estrategia ayudará a los niños

introvertidos a aprender a discernir aquello que pueden controlar de lo que no pueden. Les dará el don de la perspectiva. Concentrarte en lo que puedes controlar y aprender a soltar aquello sobre lo que no tienes control es una de las mejores formas de manejar el estrés.

Una vez que esa estrategia sea revisada y enseñada otra vez, si es necesario, el enfoque debe basarse en la enseñanza de técnicas de relajación. Uno de los aspectos difíciles del ciclo de estrés de una persona es lo que le sucede a la cognición. A medida que aumenta el estrés y las emociones comienzan a aumentar exponencialmente, la capacidad del niño para procesar racionalmente la información disminuye. El flujo sanguíneo se aleja del lóbulo frontal del cerebro, lo que reduce el pensamiento lógico y las habilidades para resolver problemas. Lo que se necesita en este momento es que se le conceda un tiempo para poder volver a ser más racional, lo cual puede conseguirse en cuanto logra relajarse.

Existen varios métodos de relajación que funcionan bien con los niños introvertidos, incluidos los cuatro enumerados en la hoja de consejos n.º 7 (página 124). Cada uno sirve a su propio propósito y cada uno debe enseñársele al niño. Estos tipos de relajación en particular funcionan bien con los niños introvertidos, ya que se basan en el pensamiento innato y el diálogo personal que es común entre los introvertidos.

Además de aprender a relajarse, los niños introvertidos necesitan aprender a decir si están relajados. No te imaginas la cantidad de veces que, al preguntar a niños introvertidos si están relajados o no, descubro que su propia evaluación de su estado interno, cuando están estresados, no es objetiva.

La hoja de trabajo n.º 7 (página 125) puede ayudar a los niños a saber qué preguntas hacerse a sí mismos a medida que aprenden a tomar el control sobre sus ciclos de estrés y sus respuestas. Puede que quieras tener tanto la hoja de consejos de relajación como la hoja de trabajo plastificadas en una pequeña tarjeta que tus hijos pueden llevar en sus bolsas, mochilas o bolsos. Incluso puede ser que ese pequeño recordatorio les beneficie sin tener siquiera que hablar contigo ni con nadie al respecto.

HOJA DE CONSEJOS N.º 7

Curso básico de relajación

Los siguientes métodos son buenos para relajarse, y no te hace falta nada más que tus pensamientos y unos momentos de calma:

- **Respiración profunda**: respira lenta y profundamente varias veces. Imagínate los síntomas físicos del estrés «desapareciendo».
- **Los colores de la respiración**: respira profundamente varias veces. Al inhalar, imagínate tu color favorito. Yo uso el azul o el rosa. En la exhalación, imagina un color sucio. Este es el color del estrés en tu cuerpo. Continúa respirando lentamente y con regularidad hasta que el color que inhalas coincida con el color que exhalas.
- **Minivacaciones**: imagínate tu lugar favorito en el mundo. Imagínate todo lo que hay en ese lugar: cómo se ven las cosas, cómo se sienten, cómo huelen. Cuanto más vívido, mejor.
- **Ensayo mental**: esto es particularmente útil antes de un examen o una actividad de evaluación basada en el rendimiento. Visualízate llevando a cabo cada paso de la actividad con éxito. Por ejemplo, si te estás preparando para un recital de piano, puedes imaginarte preparándote para el recital, caminando por el escenario, sentado en el banco del piano, escuchando la música en tu mente y tocando la melodía.

HOJA DE TRABAJO N.º 7

¿Estoy relajado?

Instrucciones: Lee cada una de las frases de esta tabla y determina si estás de acuerdo, en desacuerdo o ninguna de las dos cosas.

	DE ACUERDO	EN DESACUERDO	NI DE ACUERDO NI EN DESACUERDO
1. Siento mi cuerpo relajado, sin zonas tensas			
2. Mi mente está relajada y concentrada			
3. No estoy sintiendo emociones fuertes. Estoy tranquilo			
4. Me siento seguro y preparado para seguir adelante			

Según tus respuestas, ¿estás completamente relajado? ¿Has utilizado alguna de las técnicas de relajación? ¿Cuál de ellas? ¿Te ha resultado efectiva? ¿Necesitas probar otra?

A veces, el estrés es demasiado como para poder controlarlo, lo que resulta en estallidos de comportamiento significativos. Cuando esto sucede, los padres y los niños entran en conflicto y la situación se convierte en una pelea a gritos o algo peor. Aunque los extrovertidos sociables suelen considerarse los más propensos a tener comportamientos indisciplinados, los introvertidos tampoco están exentos de algunas de estas conductas. Esto es especialmente cierto cuando están abrumados y no se han tomado el tiempo necesario para renovar sus suministros de energía y recuperarse. En estos momentos, el niño introvertido será rígido y beligerante en el entorno hogareño. El comportamiento que nunca manifiesta en público o en el colegio lo tendrá de repente en la «seguridad» del hogar: gritos, respuestas irrespetuosas y comportamientos peores. Esto puede ser muy difícil de manejar para los padres, especialmente si también están sobrecargados y tienen poco tiempo para renovarse.

HOJA DE CONSEJOS N.º 8

Hacer un descanso

- Respira hondo varias veces.
- Acalla el ruido de tus pensamientos.
- Concéntrate en algo como respirar, bloqueando todo lo demás.
- Necesitas un momento de tiempo para recuperar el control de tus sentimientos; date permiso para tomarte ese tiempo.

Los arrebatos de conducta es mejor manejarlos antes de que ocurran; enséñale a tu hijo introvertido lo que debe hacer para recuperarse y relajarse. Pero cuando eso no es suficiente y el estallido ya se ha producido, hay algunas cosas que puedes hacer para ayudar a calmar la situación y restaurar el orden. Primero, permítete a ti mismo desconectarte del problema, incluso cuando se trate de una falta de respeto grave hacia ti. De ese modo, eres capaz de evitar que tu propio ciclo de estrés estalle y de poder pensar objetivamente durante la crisis.

A veces, tu hijo ya te tiene involucrado en su estallido. Esto es muy común cuando el problema de comportamiento comienza con desafíos a tu respeto o autoridad. En este punto, es muy útil que tanto tú como tu hijo os dediquéis tiempo a vosotros mismos, especialmente en el caso de que sea introvertido. Todos necesitáis una oportunidad para respirar, calmaros y hacer que la sangre regrese al lóbulo frontal. La hoja de consejos n.º 8 ofrece recomendaciones adicionales para tomar un descanso durante una crisis.

CRISIS DE COMPORTAMIENTO	CÓMO ACTUAR	OBJETIVO
Antes de la crisis	• Enséñale a tu hijo cómo manejar sus emociones • Aprende a reconocer las señales de advertencia del ciclo de escalada emocional de tu hijo • Enseña a tu hijo a relajarse	Evitar que se produzca una escalada emocional
Durante la crisis	• Apártate emocionalmente de la crisis • Mantén la calma • Ten en cuenta la seguridad • Ignora las cuestiones menores	Gestionar el comportamiento problemático sin peligro y suavizar la crisis lo antes posible
Después de la crisis	• Habladlo una vez que todos estéis tranquilos y la crisis haya pasado • Repasa con tu hijo las estrategias para manejar sus emociones	Considerar la crisis como una oportunidad educativa y determinar un plan de acción para prevenirla

Figura 6. Cómo manejar las conductas difíciles

Una vez que hayas conseguido calmarte y pensar con claridad, evalúa la situación para asegurarte de que no haya problemas de seguridad. A continuación, deja a su aire al niño que está alterado. Sea lo que sea lo que te esté diciendo, déjalo estar, desconecta, y permite que la situación se desacelere antes de que te involucres más. Como ya comenté antes, esto resultará difícil para muchos padres. Pero no hay nada que ganar cuando el niño está enrabietado. Hay que dar tiempo para que se calme la situación: a veces minutos, a veces horas, o más. Por encima de todo, debes mantenerte emocionalmente desapegado durante estos períodos difíciles. Es lo mejor que puedes hacer, por tu hijo y por ti mismo.

La figura 6 proporciona un recordatorio visual rápido de cómo manejar los estallidos emocionales cuando ocurren. Utiliza las técnicas de la tabla en cada ocasión en que se produzcan los estallidos emocionales, centrándote, en primer lugar, en buscar la manera de evitar que tengan lugar.

NOTAS DE CLASE: EMPLEAR LAS ESTRATEGIAS DE INTERVENCIÓN EDUCATIVA BASADA EN EL APOYO A LAS CONDUCTAS POSITIVAS. ESTRATEGIAS CON NIÑOS INTROVERTIDOS

Las dificultades de comportamiento no se limitan al entorno del hogar. Como ya sabes, los comportamientos difíciles también pueden aparecer en el colegio. Sin embargo, la mayoría de las veces, estos comportamientos no se presentan en los niños introvertidos, sino en los extrovertidos. Tal vez esa sea la razón por la que la tendencia en las estrategias de intervenciones conductuales positivas (PBIS, por sus siglas en inglés) se centra mucho en las estrategias que son efectivas con los extrovertidos. Los sistemas de recompensas externas, el juego de roles de nuevas habilidades y la comunicación abierta entre maestros y alumnos cuando hay un problema de comportamiento son estrategias altamente efectivas para usar con los extrovertidos.

Pero ¿qué hay de los niños introvertidos en el aula? ¿Existe alguna parte del modelo PBIS tradicional que sea efectiva con ellos? ¡Por supuesto! El objetivo de las PBIS es enseñar a los niños cuáles son las expectativas sociales y de comportamiento en diferentes situaciones, junto con la enseñanza explícita de las habilidades necesarias. Esto es definitivamente algo que atrae a los introvertidos. Conocer las expectativas y tener una clara comprensión de lo que se espera con respecto a su comportamiento en varios lugares, así como disponer de pautas claras relativas a las consecuencias, todo ello aumenta la comodidad del introvertido. De esta manera, el modelo PBIS puede ser muy útil para establecer un ambiente en el aula que pueda apoyar tanto a los extrovertidos como a los introvertidos.

¿Cómo puedes establecer este modelo en tu aula? Podría escribir un libro entero sobre el tema de las PBIS. De hecho, varias personas lo han hecho ya.

En resumen, las PBIS para el aula comienzan por centrarse en determinar las expectativas de comportamiento en diferentes ubicaciones, y luego enseñar y volver a enseñar sistemáticamente las habilidades necesarias para cumplir con las expectativas. Se otorgan recompensas a aquellos que son capaces de cumplir con ellas. Los datos relativos al comportamiento se usan para determinar qué estudiantes pueden requerir apoyo adicional para desarrollar habilidades de comportamiento y cumplir con las expectativas de la clase. Para obtener información más específica sobre las PBIS, consulta la bibliografía recomendada al final del libro.

CÓMO MANEJAR LOS FACTORES DE ESTRÉS DE LA FAMILIA. PREGUNTAS Y RESPUESTAS

Vivimos en un mundo ajetreado y estresante. Con las presiones económicas actuales, así como los cambios dinámicos en las estructuras familiares, muchos niños viven con niveles de estrés que antes correspondían a los adultos. La presión para hacernos rendir más, los cambios en las normas sociales en cuanto al comportamiento y la falta de enseñanza de habilidades sociales han generado un torbellino potencial para los niños. Las siguientes preguntas se centran en el estrés que experimentan normalmente los niños en nuestra cultura moderna.

¿Cómo manifiestan el estrés los niños introvertidos, especialmente cuando son más pequeños?

Los niños introvertidos, como he mencionado antes, tienden a guardarse las emociones en su interior. Muchas veces los padres no se dan cuenta de lo estresados que están hasta que finalmente explotan. A pesar de todo, existen determinados indicios que permiten inferir que puede que esté a punto de producirse una crisis:

- Problemas de sueño repentinos.
- Mayor retraimiento.
- Nerviosismo.
- Comer más alimentos azucarados o con hidratos de carbono.
- Aumento de la sensibilidad a los sonidos, las imágenes o los olores e incapacidad para tranquilizarse ellos solos o aceptar la ayuda de los demás.

Todo esto puede indicar que el niño introvertido está experimentando un estrés superior al normal. Cuando los niveles de estrés alcanzan su punto álgido, el resultado típico es una explosión, ya que la capacidad del niño para hacer frente a las exigencias del entorno se ve eclipsada.

¿Cómo puedo ayudar a mi hijo introvertido a manejar los factores estresantes comunes en una familia activa y moderna?

Como señalé antes, las familias hoy en día son más activas que nunca. Los padres tienen múltiples trabajos para llegar a fin de mes. Los niños asisten al colegio, practican deportes y participan en grupos religiosos y otras actividades, mientras que los padres sucumben a la presión de asegurarse de que no haya tiempo de inactividad que sus hijos malgasten jugando a los videojuegos o juntándose con «malas compañías». El tiempo que pasamos juntos en familia es muy escaso.

¿Cómo sobrelleva el niño introvertido este estilo de vida tan activo que caracteriza a la mayoría de los hogares de hoy? En pocas palabras: no lo hace. O no muy bien, por lo menos. Los niños introvertidos necesitan tiempo de inactividad. Cuando no se les proporciona, se sienten cada vez más frustrados y retraídos. Sus emociones comienzan a descontrolarse y llega un momento en que estallan.

Además, los niños introvertidos prosperan cuando tienen relaciones estrechas con quienes los rodean. Nunca olvidaré algunas de las palabras que mi hija adolescente e introvertida me dijo para pedirme que pasara más tiempo con ella. Y, por supuesto, tenía toda la razón; yo me había dejado llevar por mi propia introversión y me había dedicado de pleno a escribir. Lo que ambas necesitábamos era un poco de tiempo para conectarnos.

Para obtener estrategias adicionales para ayudar a los niños introvertidos a sobrellevar el estrés, echa un vistazo a la lista de consejos n.º 9 (página 134). Practica cualquiera de esas estrategias la próxima vez que el estrés abrume a tu hijo introvertido.

¿Cuáles son las señales de advertencia de que a mi hijo introvertido puede estar pasándole algo?

Cada vez que me reúno con los padres, siempre me piden que les cuente cuáles pueden ser los signos de advertencia de que algo anda mal. Creo que este enfoque es incorrecto. Siempre vemos lo que esperamos ver, así que si esperamos ver algo «malo», no deberíamos sorprendernos cuando lo vemos. En lugar de eso, prefiero concentrarme en saber quiénes son nuestros hijos realmente, cuál es su yo auténtico. Centrarnos en esto nos permite fijarnos primero en el niño, no en el comportamiento ni en los «problemas».

Aun así, es importante estar al tanto de los indicios de que el niño puede estar dirigiéndose hacia un problema grave. De manera similar a los síntomas de estrés que ya he comentado, aunque con un mayor nivel de intensidad, los introvertidos estresados a menudo se muestran agitados, prestos a saltar, tercos y frustrados. Normalmente se resistirán a aceptar ayuda, serán rígidos en su forma de pensar y actuarán como una bomba de relojería a punto de estallar.

Intervenir en este punto puede ser difícil, ya que el niño introvertido a menudo no está dispuesto a aceptar nada que pueda mediar en el estrés. Reconocer los cambios sutiles en el comportamiento del niño antes de que llegue a este punto es la mejor manera de ayudarlo y evitar una explosión grave más adelante.

Mi hijo introvertido parece tener ansiedad todo el tiempo. ¿Significa eso que hay más probabilidades de que desarrolle un problema de ansiedad? Y ¿qué puedo hacer para ayudarlo?

Por extraño que parezca, los extrovertidos están programados para experimentar niveles más altos de ansiedad en comparación con los introvertidos. Esto está relacionado con su dependencia de la respuesta de lucha o huida. Pero los extrovertidos también están mejor equipados para vivir en ese estado de ansiedad. Se sienten bien con él.

Los introvertidos, en cambio, dependen de la parte del sistema nervioso responsable del descanso. Debido a esto, pequeñas cantidades de ansiedad pueden resultarles abrumadoras. Así que si bien es menos probable que el introvertido desarrolle problemas de ansiedad, es más probable que se sienta abrumado por momentos de ansiedad «normales». Tú puedes ayudarlo a sobrellevar este problema enseñándole las técnicas de relajación que se han descrito anteriormente en el capítulo. Enseñarle tanto a reconocer su estrés como a saber de qué modo minimizar su impacto es la clave para ayudarlo a aprender estrategias para manejar el estrés a largo plazo que le pueda generar cualquier situación que la vida le depare.

El colegio también puede constituir un entorno estresante para algunos de mis alumnos. ¿Hay algo que deba hacer para ayudar a mis alumnos introvertidos a sobrellevar ese estrés?

El estrés causado por la exigencia en el rendimiento escolar puede ser un gran obstáculo para cualquier niño, pero aún más en el caso de los introvertidos, que suelen reaccionar con mayor intensidad a los factores estresantes que los extrovertidos. Los educadores pueden ayudar al niño introvertido implementando algunas de las estrategias que ya he comentado anteriormente, como la creación de un ambiente tranquilo y la normalización de los riesgos académicos. También puede ser de gran ayuda para el niño introvertido procurar que haya una cantidad equilibrada de actividades de grupo y de trabajo individual, así como de tareas programadas y no programadas. Y, por último, es útil enseñarle a gestionar la ansiedad que le causan los exámenes mediante técnicas de relajación y de realización de exámenes. En la tercera parte profundizaremos en cada uno de estos puntos.

HOJA DE CONSEJOS N.º 9

Los introvertidos ante el estrés

- Haz hincapié en mantener unos hábitos saludables, como son una alimentación adecuada, dormir lo necesario y hacer ejercicio de forma habitual.
- Dedica un tiempo a relajarte todos los días. No permitas que tus reservas de energía se agoten demasiado.
- Presta atención a tus conversaciones internas. Redirige el diálogo interno negativo.
- Procura mantener una perspectiva realista de las situaciones y evita el perfeccionismo.
- En caso de que te encuentres particularmente estresado ante un acontecimiento concreto, ensaya mentalmente ese acontecimiento, centrándote en que vaya todo bien y acabe bien.

EN RESUMEN...

Las ideas más importantes

- Los padres responden de manera diferente a los niños introvertidos a partir de sus propios temperamentos.
- Los hermanos responden de manera diferente entre sí según su temperamento.
- El estrés ambiental puede afectar al funcionamiento de la familia.
- Los introvertidos afrontan el estrés aislándose, con frustración y, finalmente, con estallidos emocionales.
- Los padres pueden enseñar a sus hijos introvertidos a manejar el estrés.
- Cuando se producen estallidos emocionales, dejar tranquilo al niño y no implicarse puede ser una estrategia efectiva hasta que los ánimos se calmen.
- Las PBIS abordan las necesidades tanto de los extrovertidos como de los introvertidos.

Complementos

- Hoja de consejos n.º 7. Curso básico de relajación, página 124.
- Hoja de trabajo n.º 7. ¿Estoy relajado?, página 125.
- Hoja de consejos n.º 8. Hacer un descanso, página 126.
- Figura 6. Cómo manejar las conductas difíciles, página 127.
- Hoja de consejos n.º 9. Los introvertidos ante el estrés, página 134.

8

Con sus propias palabras
INTROVERTIDOS Y EXTROVERTIDOS JUNTOS, ¡MADRE MÍA!

En la mayoría de los hogares hay tanto introvertidos como extrovertidos, incluido el mío. Ni que decir tiene que las diferencias de temperamento pueden intensificar las rivalidades entre hermanos. El siguiente relato está tomado de una conversación que tuvo lugar durante un taller para padres hace varios años. En ese taller, los padres y sus hijos trabajaban juntos en la tarea de descifrar de qué maneras afectaban la extroversión y la introversión a su familia. Como en los otros relatos, los nombres y la información identificativa se han cambiado para respetar la privacidad de los participantes de los talleres.

A continuación, aclaro algunos detalles sobre la familia en cuestión: la madre, Katherine, trabaja desde casa, y el padre, Daniel, trabaja fuera de la ciudad, por lo que tarda más de dos horas diarias en el trayecto de ida y vuelta al trabajo. En la familia hay dos hijas, dos niñas, de ocho y doce años de edad. Katherine se ha identificado a sí misma y a su hija de ocho años como las introvertidas de la familia, y ha identificado a Daniel y a su hija de doce años como los extrovertidos.

Y estas son las respuestas de la familia a varias preguntas hechas durante un taller para padres. Sus respuestas proporcionan una visión de cómo aborda la situación una determinada familia en la que conviven las necesidades de diferentes temperamentos.

¿Cómo es una tarde cualquiera, normal y corriente, en casa?

Katherine: La mayoría de las tardes tenemos fútbol, baile u otras actividades extraescolares. Pasamos el tiempo yendo en coche de una actividad a otra. Normalmente solemos llegar a casa alrededor de las siete de la tarde. Las niñas se ponen a hacer los deberes a las ocho y tratamos de acostarlas a las diez.

Daniel: Katherine desaparece antes de eso. Ella, por la noche, está ya demasiado cansada. Entra en la habitación y ve la televisión con la puerta cerrada.

Katherine: No es que esté cansada, lo que pasa es que necesito un momento de tranquilidad, aunque no siempre lo consigo. A esas horas de la noche, las niñas empiezan ya a no soportarse la una a la otra. Se ponen a discutir un montón y Daniel y yo nos cansamos de hacer de árbitros. Comparten habitación, así que mandarlas a su cuarto no siempre es la solución. Lo que me agota son esas discusiones noche tras noche, pero ni Daniel ni yo sabemos cómo resolver el problema.

¿Hay algún problema que surja que te parezca que tenga que ver con el temperamento?

Daniel: Basándome en lo que he aprendido aquí sobre la introversión y la extroversión, creo que las discusiones tienen mucho que ver con esto. Además, Katherine y yo no siempre vemos las cosas de la misma manera en cuanto a cómo manejar a los hijos. A ella le parece bien que nuestra hija menor nunca tenga relaciones sociales los fines de semana. En cambio, yo creo que necesitaría tener más amigos. Quiero que sea como la mayor, que participe en muchas actividades sociales.

Katherine: Solo porque no esté al teléfono toda la noche no significa que no tenga amigos, Daniel. Mira, este es otro ejemplo del asunto del temperamento. Daniel y yo tenemos opiniones muy diferentes de por qué pasan ciertas cosas en nuestra casa. Y ahora te digo algo: estoy convencida de que las peleas entre las niñas tienen que ver con la introversión.

Cuéntame un poco más sobre eso. ¿Cómo de intensa se pone la cosa?

Katherine: Puede ponerse fatal: las dos niñas gritando, las dos llorando. Es un desastre. Pero creo que mucho tiene que ver con el hecho de compartir habitación. Según lo que estamos aprendiendo sobre los introvertidos, que necesitan tiempo a solas, y los extrovertidos, que necesitan estar con gente, creo que es una de las causas de muchas de las discusiones y tensiones entre las niñas, cuando cada una está intentando recuperar la energía, pero cada una necesita algo diferente para poder conseguirlo.

Daniel: Creo que merecería la pena separar a las niñas, darle a cada una su propia habitación. Ahora mismo, que compartan habitación simplemente no funciona. ¿Qué te parece, Katherine?

Katherine: Estoy de acuerdo. Podríamos intentarlo, además de insistir en que me dejen un poco de tiempo libre.

Dos semanas y dos clases más tarde, les pregunté a Katherine y Daniel si había habido algún cambio positivo desde que le dieron a cada niña su propia habitación y desde que la familia trató de implementar algunas de las estrategias discutidas en el taller.

Ahora que habéis establecido un horario fijo para recuperaros y le habéis dado una habitación propia a cada una de las niñas, ¿ha habido algún cambio positivo?

Katherine: ¡Totalmente! Las niñas se llevan mucho mejor ahora que no comparten habitación. Incluso noto que la menor está dispuesta a pasar más tiempo con su hermana. Por supuesto, todavía discuten. Sobre todo, justo al llegar a casa. Pero la situación está empezando a mejorar.

Daniel: Creo que separar a las niñas fue la decisión correcta. Todavía me preocupa la mayor. Me parece que no pasa suficiente tiempo con Katherine. Pero creo que todo el mundo está haciendo un esfuerzo por entender el temperamento del otro y respetar los límites del otro.

Katherine: Sí, todos estamos haciendo un gran esfuerzo.

¿Qué consejo daríais a otras familias con respecto al temperamento?

Katherine: Lo primero es averiguar quiénes son los extrovertidos y los introvertidos de la familia. Es fundamental entender realmente el temperamento de cada uno. Y luego, hay que procurar que todos se sientan cómodos: en el caso de los extrovertidos, arreglárselas para que puedan estar con gente; en el caso de los introvertidos, arreglárselas para que puedan estar solos. Si cada uno tiene la oportunidad de recuperarse, esto ayudará a toda la familia.

Daniel: Sí, y no hay que asumir que solo porque a uno le guste estar solo al final del día, eso es lo que le gusta a todo el mundo. Para los padres: si tú y tu cónyuge tenéis diferentes temperamentos, no os toméis vuestras diferentes necesidades como algo personal. Seguramente no sea nada personal en absoluto. Además, procurad estar dispuestos a aprender algo nuevo. Cuando Katherine y yo comenzamos el taller, estaba bastante convencido de que poco iba a aprender. Éramos buenos padres, así que venir al taller me parecía una pérdida de tiempo. Pero me equivoqué: aprendí mucho sobre mí mismo y sobre los demás. Y nuestra familia se ha beneficiado de todo, en especial de la idea de entender los diversos temperamentos y de pensar en ellos a la hora de educar a nuestros hijos.

Es cierto que se pueden presentar dificultades en las relaciones entre introvertidos y extrovertidos y, sobre todo, en el entorno familiar. En este capítulo se han señalado las experiencias que tuvo una familia concreta con el temperamento y algunas de las estrategias que se utilizaron en su caso. Los capítulos anteriores destacaban aún más estrategias que pueden ayudar a proporcionar una buena base que les vaya bien a todos y cada uno de los miembros de la familia.

Tercera parte

LOS NIÑOS INTROVERTIDOS
EN EL COLEGIO

Como mencioné anteriormente, la cultura occidental celebra el comportamiento extrovertido. Las escuelas son como microcosmos diseñados para promover los comportamientos extrovertidos. Las pruebas de alto rendimiento están pensadas para la forma de aprender de los extrovertidos. Como norma, en nuestro sistema educativo se han sustituido la innovación y la creatividad por la competencia y la colaboración, ambas muy adecuadas para los extrovertidos. No es de extrañar que las escuelas puedan suponer un gran desafío para nuestros niños introvertidos. Esto puede ser particularmente cierto tanto para los niños superdotados como para aquellos con dificultades de aprendizaje.

En esta parte se analiza la forma de aprender de los niños introvertidos en la escuela, las percepciones erróneas más comunes que se dan en el entorno educativo, cómo manejar la competitividad y cómo afrontar el fracaso. Antes de que empecemos a evaluar al introvertido en el entorno escolar, quiero que dediques un momento a reflexionar sobre las ideas que tienes sobre tu hijo introvertido y la escuela. Antes de entrar de lleno en este tema, dedica unos instantes a contestar el cuestionario n.º 4 (página 145).

CUESTIONARIO N.º 4

Ideas acerca del aprendizaje en el introvertido

1. Mi hijo introvertido siente que el colegio es .... (*completar la frase*).
2. Creo que la escolarización de mi hijo ha sido .... (*completar la frase*).
3. Creo que los profesores entienden lo que es el temperamento y que lo tienen en cuenta al trabajar con mi hijo.

       ❑ Verdadero   ❑ Falso

4. Creo que a mi hijo podría irle mejor de lo que le va en el colegio.

       ❑ Verdadero   ❑ Falso

5. Creo que los colegios están más enfocados hacia los extrovertidos.

       ❑ Verdadero   ❑ Falso

6. Si he contestado «Verdadero» en las preguntas anteriores, creo que las mayores dificultades a las que se enfrentan los introvertidos en el colegio son .... (*completar la frase*).

Una vez que hayas terminado, tómate un momento para reflexionar sobre tus respuestas y considerar las siguientes preguntas: si desearas que se produjera algún cambio en el colegio que pudiera ser de ayuda para tu hijo, ¿qué cambios te gustaría que se produjeran? ¿A qué tipo de colegio acude tu hijo en este momento? ¿Es un colegio público tradicional, concertado, privado de enseñanza tradicional, de algún otro sistema de enseñanza? ¿Consideras que algún tipo en concreto es más beneficioso para tu hijo introvertido? Tómate un momento para escribir tus ideas sobre el temperamento y tus metas.

9

CÓMO APRENDEN LOS INTROVERTIDOS

Me revienta que los profesores me pongan en un aprieto en clase
haciéndome preguntas delante de todo el mundo. Nunca sé qué decir.

Chandler, 15 años

El aula, que juega un papel muy importante en la vida de nuestros niños, es un lugar en el que se aprende mucho más que lectura, escritura y matemáticas, y los centros escolares de hoy en día son también uno de los principales entornos de socialización para los niños. Como los extrovertidos constituyen hasta el setenta y cinco por ciento de la población general según algunos investigadores (Laney, 2002), sería lógico asumir que, en un colegio típico, habrá tres estudiantes extrovertidos por cada estudiante introvertido. ¿Qué significa esto para el introvertido? Al igual que en otros ámbitos de la sociedad, es probable que los niños introvertidos sean minoría y que no se los entienda.

Los introvertidos, como ya he señalado, suelen mostrar dos caras distintas: la máscara que llevan frente al mundo y la persona auténtica que son debajo de esa máscara. Su máscara exterior los ayuda a funcionar en un mundo que rara vez es capaz de apreciar los aspectos fuertes de la introversión. Pero esto tiene un precio.

La máscara funciona como una barrera contra el bombardeo casi constante de estímulos sensoriales a los que se enfrentan la mayoría de los introvertidos en todos los aspectos de su vida pública, y sobre todo en el aula. El aula, a menudo ruidosa y altamente estimulante desde el punto de vista visual, puede abrumar a los estudiantes introvertidos mucho antes de que la enseñanza haya comenzado. La máscara que usan los introvertidos les permite protegerse tanto de la estimulación física causada por los sentidos como de la estimulación emocional que proviene de pasar grandes cantidades de tiempo con los extrovertidos.

Desafortunadamente, la máscara también produce una impresión errónea en los demás, incluidos los profesores. Muchos pueden etiquetar al alumno introvertido como demasiado distante o desinteresado en el aprendizaje. A veces se piensa que es apático o arisco. En realidad, el alumno introvertido solo está tratando de encontrar una manera de encajar en el ambiente escolar extrovertido y sobrevivir. Normalmente disfruta aprendiendo y es capaz de establecer conexiones profundas con la materia que se enseña y de ofrecer niveles más profundos de conversación y debate que muchos de sus compañeros extrovertidos, cuando coexisten ambos temperamentos en el aula.

Los introvertidos son pensadores profundos, como he dicho, y por este motivo tienden a entablar un diálogo interno sobre lo que se está enseñando. A menudo suelen ser los que se quedan callados al comienzo de los debates educativos, y solo hacia el final ofrecerán una visión profunda del tema debatido. De esta manera, a menudo pueden «engañar» al maestro haciéndole creer que no están motivados o que no entienden la materia. En realidad, a menudo solo necesitan mayor tiempo de procesamiento para participar plenamente en las conversaciones.

Este tipo de aprendizaje –tener diálogos internos profundos con respecto a la materia y ofrecer una visión durante el discurso instructivo– es excelente en los cursos de honores[*] del instituto o en la universidad. Pero ¿qué sucede con las aulas de las escuelas primarias y secundarias? En estos entornos, las lecciones a menudo se enseñan fragmentadas, poniendo énfasis en el aprendizaje memorístico, la automatización y las evaluaciones. Los exámenes cronometrados se utilizan para desarrollar el dominio en áreas como las matemáticas y la ortografía. La memoria a corto plazo se pone a prueba con evaluaciones de respuesta inmediata, lo cual no suele ser el punto fuerte de la mayoría de los introvertidos.

Si las estrategias del aula no están equilibradas entre el uso de este tipo de evaluaciones y las evaluaciones de respuestas cortas, proyectos y medidas más profundas del dominio de los conocimientos, puede dar la falsa impresión de que el introvertido no está aprendiendo lo que se enseña.

¿Cuál es la solución? Aulas equilibradas que permitan medir el dominio de los conocimientos que potencien los diversos temperamentos y las distintas modalidades de aprendizaje. En resumen, aulas abiertas y flexibles en cuanto a las tareas y las evaluaciones.

Pero no me malinterpretes: claro que me parece importante que todos aprendan a realizar pruebas cronometradas con

---

[*] Implantados en algunos países, los cursos de honores generalmente son clases exclusivas de nivel superior que avanzan a un ritmo más rápido y cubren más contenidos que las clases regulares. Generalmente están reservados a estudiantes de secundaria con talento que sobresalen en ciertas materias.

las que se obtenga información sobre su memoria a corto plazo. No obstante, creo que también es de igual importancia que los alumnos sean capaces de aplicar el conocimiento a nuevas situaciones, algo que los introvertidos están preparados para hacer de manera más eficiente. Cuando el introvertido tiene la oportunidad de hacer conexiones profundas dentro de la materia de estudio, es capaz de conectarse más plenamente con el ambiente de aprendizaje en general. Esto, a su vez, lo hace sentir mucho más cómodo y «seguro» en el entorno escolar. Y como ya comenté en la segunda parte, sentirse seguro y cómodo es exactamente lo que el introvertido necesita para florecer en cualquier ambiente.

Otro aspecto de la introversión y el aprendizaje tiene que ver con la práctica actual de los grupos de aprendizaje colaborativo. En toda la cultura occidental de hoy día, tanto en el lugar de trabajo como en el entorno escolar, la colaboración se utiliza como ejemplo de cómo se debe trabajar. «Dos cabezas piensan mejor que una» parece ser el grito de guerra que se usa actualmente en nuestras escuelas. Los maestros agrupan a los alumnos en parejas para que un miembro revise los trabajos del otro y viceversa. Los proyectos de grupo y las presentaciones orales se han convertido en la norma, todo como una forma de preparar a los estudiantes para el mundo laboral, donde la colaboración es la reina.

Aunque estoy completamente de acuerdo en que todos los alumnos deben aprender a trabajar en un ambiente de colaboración, es importante entender que los extrovertidos y los introvertidos enfocan el trabajo en grupo de maneras muy diferentes. Los primeros tienden a tener discusiones animadas sobre la materia, en las que presentan contraargumentos y puntos de vista alternativos. Los segundos, por su parte, son más colaborativos en su enfoque del trabajo en grupo; buscan soluciones a las diferencias de opinión y concilian los diferentes enfoques

(Nussbaum, 2002). Dependiendo del punto de vista del profesor con respecto a su propósito para la experiencia de grupo, puede parecer que los introvertidos no están cumpliendo con las expectativas de este.

Además, trabajar en grupos de colaboración no siempre promueve la independencia. Tampoco es necesariamente el único camino hacia la innovación o el aprendizaje profundo. A la mayoría de los introvertidos les resulta difícil trabajar en grupo, sobre todo los integrados por más de dos o tres alumnos, o si hay extrovertidos particularmente fuertes dentro del grupo. El estudiante introvertido puede cerrarse, retirarse o frustrarse, lo cual va a resultar en un aprendizaje inhibido.

La clave, como en otros aspectos del aprendizaje, es el equilibrio. Los alumnos introvertidos deben participar en actividades grupales estructuradas, así como tener tiempo para explorar independientemente los temas de interés y trabajar individualmente en las tareas. Esta forma de trabajar resultará equilibrada para todos los estudiantes, especialmente para los introvertidos.

¿Qué puedes hacer tú, como padre, para ayudar al maestro y a la escuela a establecer un enfoque equilibrado del aprendizaje en el aula? Lo primero, creo, es asegurarte de que entiendes bien cómo aprende tu hijo, de que sepas qué tipo de actividades se le dan mejor, así como las cosas que le pueden resultar inicialmente problemáticas. Para ayudar en el proceso educativo de tu hijo establece una hora y un lugar constantes para que haga los deberes y estudie. Recuerda que lo que mejor les viene a los introvertidos es contar con una estructura: una rutina y unas expectativas claras con respecto a sus obligaciones escolares puede ayudar a tu hijo introvertido. Anímalo a perseguir sus intereses académicos por sí mismo para enriquecer el aprendizaje que recibe en la escuela.

Si descubres que tu hijo está teniendo problemas, comunícate con el profesor y ayuda a la escuela a entender la influencia del temperamento en su aprendizaje. Pide una tutoría para poder hablar con el profesor sobre su rendimiento y desarrollar un plan para abordar juntos todos los problemas que pueda haber, teniendo en cuenta tanto el estilo de aprendizaje como su temperamento único. Elabora una lista con las formas en que expresa tu hijo su introversión. Luego usa la hoja de consejos n.º 10 (página 153) y reúnete con el profesor. Juntos, podéis ayudar a tu hijo a que le vaya bien en el colegio y pueda desarrollar todo su potencial.

El perfeccionismo y la capacidad para asumir riesgos constituyen uno de los principales problemas que pueden surgir en el proceso de aprendizaje de los niños introvertidos, ya que, como comenté anteriormente, estos niños no tienen una gran capacidad para asumir riesgos; eso es algo que se les da mejor a los extrovertidos. Los introvertidos tienen dificultades con la cuestión del fracaso y, sobre todo, con el fracaso ante otras personas. Y, como se avergüenzan con facilidad, suelen interpretar el fracaso como un defecto de su forma de ser, lo cual supone una amenaza para su dignidad como seres humanos.

Esto se convierte en un obstáculo para el aprendizaje, ya que el alumno introvertido se resiste a asumir hasta los más pequeños riesgos académicos.

Ayudar al niño introvertido a superar el miedo al fracaso comienza con el establecimiento de un ambiente propicio tanto en casa como en la escuela. Partiendo de ahí, se le puede enseñar a ir asumiendo riesgos de forma gradual, empezando por los pequeños riesgos que tienen una alta probabilidad de éxito. Por ejemplo, si el niño tiene miedo de aventurarse a aprender a multiplicar, hay que empezar por enseñarle las multiplicaciones fáciles, de modo que pueda aprender rápidamente sin problema. Y, luego, a medida que va consiguiendo pequeños logros, irá sintiéndose cada vez más dispuesto a ir asumiendo mayores riesgos.

HOJA DE CONSEJOS N.º 10

Cómo hablar con el profesor sobre la introversión de mi hijo

- Como punto de partida, comienza con un gran respeto por el profesor y el resto del personal educativo, asumiendo que todos están trabajando por el bien de tu hijo.
- Comenta tus preocupaciones en términos claros y específicos. Procura no dejarte llevar por las emociones.
- Pregúntale al profesor si hay algo que le preocupe.
- Elaborad un plan de trabajo y objetivos comunes para tu hijo que se puedan implementar de forma coherente en todos los entornos.
- Acordad fechas para valorar el progreso de tu hijo.
- Si hay desacuerdos, analizad vuestras preocupaciones con una mente abierta, centrados siempre en intentar cubrir las necesidades de tu hijo.

Otra manera es ayudarlo a que vea el camino hacia el aprendizaje como su meta, en lugar de las notas. Vivimos en una cultura que pone demasiado énfasis en el dominio de los conocimientos y en los resultados finales. Y, aunque estos son importantes, lo fundamental sigue siendo el aprendizaje. Crear un equilibrio entre ser dirigido por objetivos, o poner énfasis en las calificaciones, y ser dirigido por el aprendizaje, o enfocarse en el proceso, es vital y necesario para enseñar a asumir riesgos académicos apropiados y combatir los aspectos paralizantes del perfeccionismo.

Cómo fomentar la asunción de riesgos académicos

- Enseña y practica habilidades prácticas para la resolución de problemas.
- Elogia y refuerza el esfuerzo, y no solo los resultados.
- Predica con el ejemplo y muéstrate dispuesto a probar cosas nuevas.
- Concéntrate en el proceso más que en los resultados.
- Pregúntale a tu hijo lo siguiente con respecto a los riesgos académicos:

  » ¿Estás en terreno seguro al intentar realizar una tarea o correr un riesgo?
  » ¿De qué tienes miedo?
  » ¿Qué es lo peor que podría pasar?

Estos consejos ayudarán a tu hijo a asumir riesgos académicos.

El perfeccionismo es la versión extrema de la aversión al riesgo. A menudo presente en los introvertidos superdotados, la búsqueda de la perfección y la rigidez de estos esfuerzos pueden llevar a una forma de parálisis en los procesos de aprendizaje. Mis experiencias con mi hija superdotada e introvertida, así como mis propias dificultades por ser perfeccionista, me han permitido conocer de primera mano el impacto paralizante de este tipo de perfeccionismo. He pasado muchas noches sin dormir tratando de terminar alguna cuestión de trabajo porque estaba estancada en mi necesidad de hacer las cosas «perfectamente». La superación del perfeccionismo se basa en muchas de las mismas estrategias que el fomento de la asunción de riesgos, como puede ser un cambio de enfoque de los resultados a los procesos. Este cambio a menudo libera a un perfeccionista de su rigidez, lo que le permite seguir adelante. La hoja de consejos n.º 12 proporcionará ayuda adicional para superar el ciclo del perfeccionismo.

HOJA DE CONSEJOS N.º 12

Cómo superar el perfeccionismo

- Háblale a tu hijo acerca de su introversión y su perfeccionismo.
- Ayúdalo a fijarse metas realistas.
- Concéntrate en el proceso, no en el resultado, y enséñale a tu hijo a hacer lo mismo.
- Enséñale a tener una visión realista de su rendimiento. Una percepción incorrecta puede provocarle una mayor preocupación.
- Enséñale a preguntarse a sí mismo lo siguiente:

  » ¿Es realista mi plan?
  » ¿Qué pasaría si fallo?
  » ¿Qué puedo hacer en lugar de esto?

Recordar cómo aprenden los niños introvertidos y cómo se los puede percibir en clase es importante para apoyar su progreso educativo. Además, tratar con su potencial aversión al riesgo y su posible perfeccionismo antes de que se conviertan en una barrera para el aprendizaje puede ayudar mucho a anular los posibles problemas que se le presenten al niño introvertido en el ámbito escolar.

Los siguientes capítulos abordarán otros aspectos del aprendizaje, como la competencia y una visión más profunda de la percepción del fracaso en el introvertido.

NOTAS DE CLASE: UNA CARTA AL PROFESOR

Estimado profesor:

Te escribo porque, como padre, estoy muy preocupado por el futuro de mi hijo, tengo miedo por él. Mi hijo, tal y como yo lo veo, es un pensador profundo al que le encanta aprender. Veo cómo le gusta analizar el mundo y desarrollar soluciones creativas a problemas poco comunes. Yo soy capaz de ver su potencial. Pero me preocupa mucho la posibilidad de que tú no veas las cosas de la misma manera que yo; que sí veas lo diferente que es, lo sensible e inseguro que es, pero que esas cualidades te parezcan debilidades.

Ya sé que mi hijo no es capaz de rendir tan bien como los demás niños en los test cronometrados, y que en un típico examen de opción múltiple nunca va a ser capaz de demostrar todo lo que en realidad sabe sobre un tema determinado. Y sé también que su naturaleza melancólica te hará pensar que no está aprendiendo.

Pero en él hay mucho más que esto, y me preocupa que esas cosas no puedas verlas. Por ejemplo, ¿te das cuenta de cómo espera antes de responderte, queriendo digerir completamente tus preguntas y reflexionar sobre las posibles respuestas? ¿Ves cómo observa a los demás niños, extrayendo el significado de cada movimiento, de cada respiración? ¿Ves con qué profundidad explora las cosas que le interesan, con cuánta resolución experimenta la vida? ¿Te has dado cuenta de todo esto?

Mi esperanza es que entiendas a mi hijo introvertido; que encuentre en tu aula la seguridad que necesita para poder desarrollar plenamente todo su potencial. Espero que puedas alimentar su tierna alma y darle la fuerza que necesita para que su introversión se convierta en una fuente de fortaleza. Espero que puedas verlo como yo. Trabajemos juntos por mi hijo y ayudémoslo a desarrollar las habilidades que necesita para aventurarse en este mundo con confianza y seguridad.

Firmado,

Un/a padre/madre preocupado/a

CÓMO APRENDEN LOS INTROVERTIDOS. PREGUNTAS Y RESPUESTAS

He pasado la mayor parte de mi carrera trabajando en la educación, ayudando como psicóloga escolar a padres, maestros y niños. Es un trabajo que me ha permitido hablar con cientos de personas sobre cómo aprendemos y cómo enseñar. Las siguientes preguntas son una muestra de las que me han planteado cada vez que ha surgido el tema de la introversión, tanto en los talleres como en los correos electrónicos esporádicos que pasan por mi escritorio.

¿Cuál es el entorno educativo «ideal» para un introvertido?

Al igual que en una de las preguntas del capítulo cinco, diré que no existe una receta para crear el ambiente perfecto en el que el introvertido pueda aprender. Hay demasiadas otras variables.

Aun así, hay algunos aspectos de un ambiente típico de clase que son beneficiosos para los alumnos introvertidos.

Las aulas tienden a tener demasiados estímulos visuales, sonoros, etc. Hay muy poco espacio entre los pupitres, las paredes están llenas de carteles llamativos y trabajos de los niños, y todo ello puede constituir una sobrecarga sensorial para algunos alumnos introvertidos. Reducir ligeramente la estimulación visual, al menos en una pared, puede proporcionar un respiro para estos alumnos. También puede servir para crear un ambiente un poco más tranquilo para este tipo de niños tener cuidado de no sentarlos en las zonas de paso, en las que suele haber más ajetreo. Hay que procurar buscarles una zona tranquila y sin tanto estímulo auditivo y visual.

La hoja de consejos n.º 13 (página 159) nos ofrece unas consideraciones que también conviene tener en cuenta a la hora de diseñar un entorno educativo que les vaya bien a los alumnos introvertidos.

¿Cómo pueden los introvertidos sobrevivir en un aula diseñada para extrovertidos?

Si bien es cierto que las aulas están hechas para los extrovertidos, con mucha actividad y estimulación, proyectos de grupo y grandes reuniones sociales, ese no es el único aspecto de la escuela. La mayoría de los entornos educativos tienen lugares destinados a que los estudiantes almuercen y descansen, como la biblioteca o un aula, lo que les da un respiro entre tantas demandas sociales. Del mismo modo, cada vez son más los centros que comprenden la necesidad de un enfoque equilibrado de la educación, tanto en lo que se refiere a las actividades en grupo como a la posibilidad de elegir dentro de las áreas de contenido. Los maestros están empezando a distinguir los diferentes patrones de aprendizaje. Esto se puede trasladar fácilmente a la diferenciación por temperamento.

Además de las estrategias que los colegios están comenzando a incorporar en el entorno tradicional de aprendizaje, los padres pueden apoyar a sus hijos introvertidos enseñándoles cómo defender sus necesidades en el aula. Ayudar a tu hijo a desarrollar habilidades sociales, algo que abordaremos en la cuarta parte, hará que se sienta más cómodo con los extrovertidos.

HOJA DE CONSEJOS N.º 13

Cómo crear el entorno de aprendizaje ideal

Crear un ambiente de aprendizaje que satisfaga las necesidades de todos los alumnos es una tarea titánica. Sin embargo, las siguientes consideraciones pueden hacer que tu aula resulte más agradable para los alumnos introvertidos, sin dejar de tener en cuenta a los extrovertidos:

- Procura reducir el desorden visual en las paredes y en el resto del aula.
- Intenta que haya más espacio entre los pupitres.
- Incluye un área de descanso donde los introvertidos puedan alejarse del bullicio del aula.
- Sienta a los introvertidos lejos de las zonas de más trasiego de personas.
- Equilibra las expectativas entre las tareas de colaboración y las individuales.

¿Cuáles son las principales diferencias entre la forma de aprender de los introvertidos y los extrovertidos?

Ya he comentado muchas de las diferencias en lo que respecta a la química cerebral entre los introvertidos y los extrovertidos en capítulos anteriores. Estas diferencias en el empleo de los neurotransmisores, así como las diferencias en las propias vías neurológicas, afectan al aprendizaje. Los introvertidos, que utilizan las vías más largas del cerebro, tardan más en procesar la información. Prefieren pensar y analizar profundamente antes de comentar la información. Los extrovertidos, por el contrario, piensan más rápido y actúan casi impulsivamente con respecto a la información. Disfrutan con el diálogo, pero no siempre se involucran con la materia de manera profunda. En otras palabras, les interesa la amplitud de la información, mientras que a los introvertidos les interesa la profundización.

Como padre, ¿cuál es la mejor manera de defender las necesidades educativas de mi hijo introvertido?

Es importante que los padres colaboren con las escuelas en la educación de sus hijos. No asumas que los educadores entienden el temperamento y los estilos de aprendizaje simplemente porque tienen una formación didáctica. Desafortunadamente, la mayoría de los programas educativos solo tienen en cuenta las modalidades de aprendizaje, y no profundizan en el temperamento en absoluto. La neurociencia es reciente y todavía no se ha incorporado a la mayor parte de los programas de formación de los docentes. Además, muchos profesores no ven los puntos fuertes de la introversión, sino que se centran en hacer que los estudiantes introvertidos sean más extrovertidos. No entienden que los niños introvertidos tienen sus propias cualidades (Henjum, 1982).

Es importante que compartas con la escuela aquello que aprendas sobre tu hijo y que trabajéis juntos para resolver cualquier problema que pueda surgirle. Consulta la hoja de consejos n.º 10 (página 153) para que te ayude a desarrollar una comunicación sólida con el centro escolar. Gracias a todo esto podrás apoyar y defender las necesidades de tu hijo.

Yo soy profesor. ¿Cómo puedo asegurarme de que estoy creando un entorno de aprendizaje ideal tanto para mis alumnos introvertidos como para los extrovertidos?

Equilibrar las necesidades educativas de poblaciones diversas es un reto incluso en la mejor de las circunstancias. Muchas veces tienes alumnos con necesidades únicas de aprendizaje, diferentes temperamentos, temas de salud mental, problemas económicos y distintos antecedentes culturales. Para cubrir las necesidades de todos los niños, la mejor manera de lograrlo es equilibrar los tipos de tareas que les vayas a asignar, las formas en que mides el nivel de aprendizaje y las intervenciones necesarias en el caso de determinados alumnos. ¿Esto supone un reto? ¡Sí! Pero adaptar las estrategias de diferenciación y las intervenciones conductuales positivas puede contribuir a establecer un aula en la que la mayoría de los estudiantes tengan las mismas oportunidades de sentirse seguros y aprender.

EN RESUMEN...

Las ideas más importantes

- Los introvertidos a menudo muestran dos caras: la máscara pública que usan en la escuela y el yo privado que guardan para casa.
- La máscara pública de un introvertido crea una barrera contra la sobrestimulación presente en un aula típica.
- La máscara pública del introvertido puede dar la impresión de que es distante y no le interesa la escuela.
- A los introvertidos les encanta aprender. Pero prefieren la profundidad de unos pocos temas a la amplitud de muchos.
- Los introvertidos pueden tener dificultades con el trabajo en grupo, las pruebas cronometradas y las evaluaciones de respuesta rápida.
- Los introvertidos pueden tener problemas con el riesgo académico y el perfeccionismo.

Complementos

- Hoja de consejos n.º 10. Cómo hablar con el profesor sobre la introversión de mi hijo, página 153.
- Hoja de consejos n.º 11. Cómo fomentar la asunción de riesgos académicos, página 154.
- Hoja de consejos n.º 12. Cómo superar el perfeccionismo, página 155.
- Hoja de consejos n.º 13. Cómo crear el entorno de aprendizaje ideal, página 159.

10

CÓMO ALLANAR
EL CAMPO DE JUEGO

*No lo entienden ni los profesores ni los entrenadores: esperan
que seamos todos extrovertidos y agresivos. Y cuando no lo eres,
asumen que es porque no tienes interés. ¡Menudo error!*

Bishar, 16 años

La cita inicial de este capítulo destaca uno de los mayores problemas a los que se enfrentan los niños introvertidos en nuestra cultura occidental: la creencia de que todo el mundo debería ser extrovertido y agresivo para salir adelante, de que de alguna manera el éxito no puede presentarse sin estas características esenciales. Como señalé en el capítulo anterior, los introvertidos no son los miembros sociales o agresivos del grupo. Esto no significa que no estén motivados. Simplemente muestran su compromiso de otras maneras. Trabajo duro y dedicación, tomarse tiempo para ayudar a los demás, escuchar intensamente a los entrenadores y establecer relaciones con unos pocos miembros del equipo: así es como el introvertido demuestra su compromiso con sus intereses.

En este capítulo, quiero centrarme en los aspectos competitivos de nuestra cultura, partiendo de las intervenciones del capítulo anterior. Los niños se enfrentan a un nivel de competencia más alto que nunca. Están inscritos en más y más actividades extraescolares en nombre del enriquecimiento. Sus expectativas académicas también están aumentando, con el énfasis que se pone en los exámenes de alto nivel y en la preparación para la universidad. Los colegios han recortado los programas de artes creativas, así como los lugares de reflexión creativa. Todo se ha orientado hacia los objetivos, por lo que se ha reducido el énfasis en el proceso. En materia de educación, la colaboración grupal ha reemplazado al pensamiento innovador.

No me malinterpretes: el cambio en el ámbito de la educación se ha desarrollado a partir de la necesidad de mejorar el rendimiento de los estudiantes y ayudar a que nuestros hijos sean competitivos en un mercado laboral globalizado. Pero ¿a qué precio? Las oportunidades para que el introvertido brille en este tipo de escenario son limitadas.

Como he comentado anteriormente, a los introvertidos les va mejor cuando entienden el «porqué» de la tarea. Les gusta experimentar la información en profundidad y, por lo tanto, odian las tareas apresuradas. Son innovadores e independientes en sus esfuerzos de trabajo, y estas son habilidades que se deben aprovechar y desarrollar. ¿Cómo pueden los padres ayudar a salvar la distancia entre el tipo actual de expectativas puestas en los pensadores introvertidos y su estilo natural de aprendizaje? ¿Cómo se nivela el campo de juego?

Los padres pueden empezar por ayudar a sus hijos a saber cuáles son realmente las expectativas en la escuela. Siéntate con ellos y háblales sobre los temperamentos —los suyos y los de los demás que se encuentren en la habitación—. Ayúdalos a entender que ninguno de los dos es mejor ni peor, sino simplemente diferente. Una vez que tu hijo entienda su temperamento en relación con las expectativas de rendimiento escolar, ayúdalo a desarrollar la competencia social a la hora de entablar conversaciones con adultos y compañeros, hablar en público y hacer reivindicaciones. Enseñadas y practicadas a menudo, estas habilidades, y las de la hoja de consejos n.º 14 (página 167), pueden ayudar a que el niño introvertido sea competitivo en cualquier entorno.

A medida que tu hijo comience a practicar y usar estas habilidades sociales, es fundamental que recuerde equilibrar las nuevas y agotadoras habilidades con el tiempo para renovarse. Revisa los hábitos saludables de la figura 5 (página 109) y enséñale a equilibrar la necesidad de ser sociable con la necesidad de renovarse. Este es un acto de equilibrio sobre el que habrá que reflexionar con frecuencia, ya que los adultos y los niños introvertidos a menudo tienen dificultades con estas motivaciones aparentemente opuestas. Estar atento a los signos de frustración y agotamiento, entre ellos el retraimiento y la agitación, es una buena manera de verificar el nivel de equilibrio de tu hijo.

El rendimiento académico es solo una de las áreas de competencia a las que se enfrentan muchos de nuestros estudiantes. Las áreas extraescolares, que incluyen los deportes y las artes, también implican un nivel de competencia para la mayoría de los niños. Esta superposición competitiva puede ser una fuente de motivación para el extrovertido, pero resultar abrumadora para el introvertido.

Quiero relatar la historia de una niña con la que trabajé en el pasado. Era una nadadora competitiva con sueños olímpicos. A partir de los seis años, nadaba todos los días. Aunque muy callada y reservada cuando sus entrenadores le hablaban, siempre escuchaba atentamente lo que decían e incorporaba sus sugerencias a su estilo. Además, participó en competiciones de natación, en las que superaba las metas fijadas por sus entrenadores. En la terraza de la piscina, rara vez hablaba con sus amigos, y en cambio prefería escuchar su iPod o leer un libro.

Un día, su entrenador decidió trasladarla a un grupo de alto nivel. Estaba encantada. El día de su primer entrenamiento a ese nivel, estaba enferma y apenas pudo terminar la sesión. Su entrenador no sabía nada de la enfermedad y pensó que no estaba preparada para ascender después de todo. Le sugirió que volviera a su grupo anterior. Incapaz de explicar que estaba enferma, la nadadora asintió en silencio y se unió al otro grupo.

Su entrenador nunca supo que se sentía como una fracasada. Jamás llegó a enterarse del constante diálogo interno que le confirmaba que no era lo suficientemente buena. Él no sabía las repercusiones de su introversión. La niña continuó yendo a nadar durante una semana hasta que le preguntó a su madre si podía dejar la natación.

Este relato pone de relieve algunas de las realidades de la introversión. Su incapacidad para hablar con sus entrenadores y expresar sus deseos y miedos, así como el constante diálogo interno que repetía lo que ella percibía como fracasos una y otra vez, son todos aspectos de su introversión. Si eso se hubiera reconocido, se le podría haber enseñado a responder de manera diferente, quizás con otro resultado. La cuestión es que muchas veces el comportamiento que observamos en los demás rara vez está motivado por las razones que asumimos. Es importante entender a cada niño a la luz de su temperamento, estilo de aprendizaje, experiencias y personalidad únicos.

Los deportes ofrecen a los niños grandes oportunidades. Pero también pueden ser una fuente de ansiedad insoportable. Como padre, es importante que escuches a sus hijos y monitorices sus reacciones emocionales a las actividades en las que están involucrados. No tengas miedo de meterte a entrenar o apoyar a tu hijo si en algún momento tiene dificultades con la competencia que está experimentando en sus actividades extraescolares o educativas.

HOJA DE CONSEJOS N.º 14

Habilidades sociales para introvertidos

- Enseña habilidades de comunicación a tu hijo introvertido. Enséñale a iniciar conversaciones.
- Ayuda a tu hijo a practicar maneras de mantener la calma y adaptarse a los altibajos de la vida.
- Enséñale a acallar la conversación interior de su cabeza.
- Ayúdalo a aprender a reírse de la vida.
- Fomenta en él la tolerancia y la flexibilidad.

Y ¿qué significa ser un buen entrenador emocional para tus hijos? Hablo mucho sobre el *coaching* emocional en mi libro *Emotional Intensity in Gifted Students* [Intensidad emocional en estudiantes superdotados] (Fonseca, 2010), donde cito estrategias de *coaching* como una excelente manera de ayudar a los niños superdotados a aprender a manejar sus respuestas emocionales al mundo. El mismo consejo vale la pena repetirlo aquí, con referencia a la ayuda a los niños introvertidos. Estos niños necesitan que se les recuerde que no hay nada malo en su visión particular del mundo. Sí, enfocan las cosas de una manera diferente a sus compañeros extrovertidos, pero esto no es ni bueno ni malo. Es simplemente una diferencia en su forma de ser innata.

Ser un buen *coach* personal implica tres habilidades distintas: la primera es el respeto incondicional. Si queremos que nuestros hijos acepten su naturaleza única, debemos hacerlo también nosotros mismos. Los niños necesitan crecer sabiendo que independientemente de hasta qué punto entendamos, o no entendamos, su temperamento, los aceptamos exactamente como son. Esto no significa que permitamos un comportamiento inapropiado; simplemente significa que los queremos incondicionalmente.

Como ya he comentado en la segunda parte, es importante que nuestros hijos introvertidos tengan una estructura, reglas y consecuencias en el hogar. Pero podemos quererlos tal como son mientras ayudamos a moldear su comportamiento.

Como segunda habilidad, además del respeto incondicional, el *coaching* implica una buena comunicación y colaboración. Es importante que los padres desarrollen habilidades de comunicación efectivas para usar con sus hijos introvertidos. Esto no siempre será fácil. Los introvertidos evitan las discusiones directas, especialmente si el tema son sus sentimientos. A menudo se resistirán a cualquier conversación que les haga sentir que han fracasado. Si ya están abrumados, normalmente gritan en lugar de hablar. Aprender a lidiar con estos obstáculos puede ser un desafío. La hoja de consejos n.º 15 (página 170) destaca algunas formas de superar los obstáculos de comunicación más comunes. El *coaching* eficaz se basa en ser capaz de comunicarse con el introvertido y guiarlo.

Muchas veces te parecerá que tus hijos introvertidos no te escuchan. Confía en mí, con independencia de su renuencia a hablar abiertamente de temas difíciles, siempre están escuchando. No fuerces una respuesta. Permíteles que te escuchen y que se tomen el tiempo para procesar lo que estás diciendo. Acudirán para comprometerse contigo cuando estén listos. Solo tienes que estar disponible para ellos cuando llegue ese momento.

La tercera habilidad del *coaching* emocional es la motivación. Los entrenadores efectivos motivan a los demás a lograr más de lo que ellos piensan que es posible. Como padres, esto puede lograrse animando a los hijos introvertidos a explorar sus áreas de interés y permitiéndoles que lo hagan libremente y en profundidad. Enseña a tus hijos cómo manejar sus niveles de energía, recordando que la mayoría de los niños introvertidos se quedarán sin energía en las horas de la noche. Cuanto más se alienta su comodidad consigo mismos, más pueden empezar a ver los puntos fuertes de su introversión. Es entonces cuando pueden aprender a aceptarla y ser tan competitivos como sus compañeros extrovertidos. Vuelve a consultar la hoja de consejos n.º 16 (página 172) cada vez que necesites volver a centrarte en ser un entrenador emocional para tus hijos.

Vivimos en una sociedad global competitiva, en la que se enseña que el primero que sube la montaña gana. Como adultos, reconocemos que no siempre es así. La vida nos recuerda que los viajes son al menos tan importantes como los destinos. Enseñar a tus hijos introvertidos a enfocarse en el proceso, abrazar sus temperamentos únicos y equilibrar la necesidad de ser competitivos y sociables con la necesidad de renovarse son todas estrategias que los prepararán para desarrollar todo su potencial. ¿Y no es eso lo que queremos para nuestros hijos?

HOJA DE CONSEJOS N.º 15

Cómo superar las dificultades en la comunicación

Las dificultades en la comunicación pueden partir tanto del niño como de los padres. Para superar ese tipo de problemas, te recomiendo seguir los siguientes consejos, independientemente de cómo surjan:

- Para evitar los lloriqueos, los gritos y el bloqueo de la comunicación, haz lo siguiente:
  * Mantén la calma y deja de lado las emociones.
  * Expresa de forma clara y concisa lo que quieres conseguir.
  * Recuérdale a tu hijo las consecuencias que va a tener su comportamiento para que decida si quiere comportarse bien o mal.
  * Cumple con las consecuencias que correspondan a lo que se haya decidido.

- Siguiendo estos pasos, evitarás recurrir a las amenazas, expresar juicios o avergonzar al niño:
  * Utiliza un lenguaje claro y conciso.
  * Permanece emocionalmente neutral.
  * Mantente centrado en tus metas.
  * No te tomes su comportamiento como algo personal contra ti.

- Recuerda que los introvertidos tienen dificultades con las emociones intensas. Ayuda a mantener la comunicación permaneciendo calmado y centrado.

NOTAS DE CLASE: CÓMO MEJORAR EL RENDIMIENTO Y NO OBSTACULIZARLO

Rendimiento y pericia: este enfoque es más fuerte en las aulas de hoy en día que en ninguna otra parte. La verdad es que vivimos en un mundo que mide el éxito en términos de rendimiento y dominio de las habilidades. El proceso no siempre se enfatiza de la manera en que muchos educadores creen que debería serlo. Como se ha dicho a lo largo del libro, los introvertidos no siempre prosperan en entornos en los que predomina el rendimiento como objetivo. En ese caso, ¿cómo puede el profesor mantener la calidad del rendimiento que se requiere en nuestro sistema educativo actual y mejorar, en lugar de inhibir, el aprendizaje del introvertido? ¿Son estos dos objetivos mutuamente excluyentes?

Creo que la respuesta es un rotundo «no». La clave es encontrar un equilibrio entre el enfoque educativo dirigido a los logros y el dirigido al proceso de aprendizaje. Por medio de este enfoque equilibrado, conseguiremos que un mayor número de alumnos sean capaces de demostrar sus aptitudes. Además, la diferenciación se hace más fácil a medida que el profesor va descubriendo qué alumnos se centran en los logros y cuáles en los procesos.

Equilibrar el enfoque requiere utilizar una definición amplia de la evaluación que reconozca tanto el proceso seguido para llegar a una solución como la propia solución. Es necesario centrarse también en la importancia del aprendizaje en sí mismo.

¿Permites que los estudiantes creen proyectos o tareas para algunas áreas de contenido, de manera que tengan más flexibilidad para elegir en qué temas quieren profundizar más? ¿Qué tal si exploramos posibles áreas de interés personal sin salirnos del contenido exigido por el programa? En el cambiante mercado global de hoy en día, es aún más importante que nuestros alumnos aprendan a pensar y a resolver problemas. Centrarse tanto en el proceso como en el resultado permite que se produzca este resultado y proporciona, al mismo tiempo, un escenario para que el alumno introvertido pueda brillar.

HOJA DE CONSEJOS N.º 16

Cómo ser un buen *coach* para tus hijos

- El *coaching* implica comunicación efectiva, enseñanza y motivación.
- La comunicación implica entender las necesidades y deseos del niño, escuchar activamente y hacer frente a los obstáculos a medida que surgen.
- Enseñar implica ayudar a tu hijo a entender su propia introversión, pero también centrarse en enseñar a pensar, no en adoctrinar.
- La motivación implica tener un gran respeto incondicional por tu hijo y ser una fuente de inspiración para él o ella.

LA COMPETITIVIDAD.
PREGUNTAS Y RESPUESTAS

Vivimos en un mundo competitivo. Los deportes, el mundo de los negocios, las artes: en gran medida, siempre es cuestión de ganar o perder. No es de extrañar, por tanto, que me hagan tantas preguntas sobre la relación existente entre la competitividad y el temperamento. Las siguientes preguntas se han extraído de los cuestionarios en línea para padres y de mis talleres.

¿Deben fomentarse los deportes de competición en los niños introvertidos?

Los deportes son saludables para todos los niños en general. Estar involucrado en actividades deportivas enseña a establecer metas, a trabajar en equipo, a ser disciplinado y a mantenerse en buena forma física. Ahora bien, hay que tener cuidado con los niños introvertidos a la hora de elegir un deporte. Deja que sea tu hijo el que tome la iniciativa y explore una variedad de deportes antes de decidirse por uno o dos. Si se siente estresado en deportes de equipo como el béisbol y el fútbol, anímalo a practicar deportes individuales como la natación o el atletismo *cross country*. Del mismo modo, si la atención prestada durante algunos deportes individuales abruma a tu hijo, considera un deporte recreativo. La clave es hallar una opción que le permita encontrar intereses comunes con sus compañeros, y al mismo tiempo minimizar el posible impacto negativo de la competencia y la presión social. Otro aspecto positivo de los deportes de competición es la oportunidad de realizar actividad física. Como he mencionado anteriormente, los niños introvertidos tienden a tener mucha vida interior y a analizar mentalmente cada aspecto de su día. Muchas veces, los deportes les permiten descansar un poco de ese constante discurso mental, al estar concentrados en otro tipo de actividad que les proporciona un descanso psíquico.

¿La competitividad tiene realmente algún aspecto negativo para los niños introvertidos?

Como sucede con todo, los deportes de competición pueden presentar inconvenientes para los niños introvertidos. A veces, la presión para ganar puede ser abrumadora para ellos; esto es así sobre todo, y con mayor intensidad, en los deportes de equipo. El niño puede interpretar cualquier error como si fuera culpa suya. Pero, debido a su naturaleza inhibida, es posible que no pueda hablar con el entrenador al respecto, por lo que dejará que los sentimientos se enconen y crezcan en su interior. Además, está la cuestión de correr riesgos. Como mencioné anteriormente, muchos niños introvertidos tienen dificultades para asumir riesgos académicos por miedo al fracaso y debido a su exagerado perfeccionismo. Esta misma reticencia que surge en el ámbito académico puede extenderse a cualquier otra área, y en particular a los deportes de equipo de competición. Es importante ayudar a que el niño aprenda a correr riesgos, pero asegurándote, al mismo tiempo, de que el ambiente competitivo no se está volviendo tóxico para él.

¿Qué habilidades deben aprender los niños introvertidos para ayudarlos a desenvolverse en nuestro sistema educativo actual, que se centra en la colaboración y el trabajo en grupo?

Creo que aprender aptitudes básicas de extroversión resulta beneficioso para cualquier niño. Aprender a comunicarse efectivamente, disminuir la charla mental y fortalecer la flexibilidad son herramientas que mejorarán la capacidad del introvertido para desenvolverse mejor cuando está con gente. Además, aprender a tomarse las contrariedades con calma y equilibrar la necesidad de ser escuchado con la necesidad de apoyar al amigo extrovertido son también habilidades que le servirán de ayuda.

Como padre de una alumna de secundaria introvertida, me preocupa el impacto que puede tener la competitividad académica en mi hija, pero al mismo tiempo quiero que tenga todas las oportunidades posibles para poder acceder a una buena universidad. ¿De verdad debería preocuparme?

En la actualidad, la competencia académica es algo habitual en secundaria y bachillerato, y sobre todo en los programas de excelencia. La necesidad de hacer cada vez más difícil el acceso a la universidad, y al mismo tiempo mantener un promedio de notas por encima del sobresaliente, puede provocar un fuerte estrés incluso a los alumnos más equilibrados. Pero esto es aún más grave en el caso de los niños introvertidos que aún no han aprendido a gestionar el estrés.

Como ya mencioné anteriormente, los niños introvertidos son reflexivos por naturaleza y, a menudo, analizan minuciosamente cada aspecto de sus vidas. Esta capacidad de reflexión es tanto una ventaja como una desventaja para los que participan en los programas de excelencia. A menudo, estos programas desafían a los que son más competentes desde el punto de vista académico. Y aunque el desafío es bueno, con frecuencia va acompañado de una bajada de notas, lo cual puede constituir un nuevo territorio para el niño. Dada su naturaleza introvertida, puede verse atrapado en una reflexión interminable sobre su fracaso y permanecer constantemente en un estado de estrés hasta llegar al desbordamiento. Es importante que ayudes a tu hijo a lograr aquello que quiere lograr sin estresarse demasiado.

Enseñarle a relajarse es una buena manera de ayudarlo a mantener el control sobre sus propias reacciones emocionales a lo largo del día. Esto puede hacer que se calme el estrés que viene aparejado a los programas más exigentes.

Trabajo con muchos alumnos superdotados e introvertidos. ¿Qué consejos me puedes dar para ayudarlos con las dificultades que se les presentan en los programas de honores altamente competitivos del instituto?

Esta pregunta hace referencia a cómo enseñar a los niños a sobrellevar unas exigencias muy fuertes sin hundirse bajo el peso del estrés, y es similar a lo que se planteaba en la pregunta anterior en cuanto a las dificultades con las que se enfrentan los niños introvertidos en los programas académicos muy rigurosos. El profesor se encuentra en una posición única para ejercer como *coach* de sus alumnos y enseñarles tanto contenidos académicos como emocionales. La hoja de consejos n.º 17 es estupenda como lista de medidas que puedes adoptar en tu papel de profesor para ayudar a tus alumnos.

HOJA DE CONSEJOS N.º 17

Cómo ayudar a tus alumnos a manejar el estrés

- Procura que en el aula haya siempre un ambiente tranquilo y de confianza.
- Enseña técnicas de relajación y practícalas con tu clase.
- Fomenta la preparación como una forma de combatir la ansiedad que provocan los exámenes.
- Enseña técnicas para hacer exámenes.
- Habla abiertamente sobre el estrés debido a la exigencia de altos rendimientos y sobre cómo manejarlo.
- Si un alumno concreto te preocupa, acércate tanto a él como a sus padres.

EN RESUMEN...

Las ideas más importantes

- Vivimos en un mundo altamente competitivo que se centra más en los resultados que en los procesos.
- Los introvertidos pueden tener dificultades con los resultados y, sin embargo, ser excelentes en cuanto a los procesos.
- Es importante que los padres y los educadores entiendan algunas de las dificultades con las que se pueden encontrar los introvertidos.
- Los introvertidos pueden aprender habilidades de competencia social que los ayuden a estar a la altura de los demás.
- Los padres pueden desempeñar un papel único para los niños introvertidos haciéndoles de *coach* y ayudándolos a desarrollar las habilidades necesarias para ser competitivos en los deportes y en el colegio.
- El *coaching* requiere un respeto incondicional, ser un excelente comunicador y tener capacidad para motivar.

Complementos

- Hoja de consejos n.º 14. Habilidades sociales para introvertidos, página 167.
- Hoja de consejos n.º 15. Cómo superar las dificultades en la comunicación, página 170.
- Hoja de consejos n.º 16. Cómo ser un buen *coach* para tus hijos, página 172.
- Hoja de consejos n.º 17. Cómo ayudar a tus alumnos a manejar el estrés, página 176.

11

CÓMO ENFRENTARSE AL FRACASO

Yo nunca enseño mis notas, ni siquiera cuando son
buenas. Es algo demasiado personal.

Maya, 13 años

A medida que aumentan la competitividad y la exigencia en los colegios, también aumenta la posibilidad de fracaso. Como comenté en el capítulo nueve, los niños introvertidos tienen dificultades para asumir riesgos académicos, lo que a menudo suele estar relacionado con el miedo al fracaso, al igual que algunos problemas de resiliencia.

En el capítulo seis definimos la resiliencia como la capacidad para recuperarse o adaptarse al cambio. Es evidente que asumir los riesgos adecuados está relacionado, al menos en parte, con la capacidad o la voluntad de recuperarse de los reveses que se puedan sufrir. El niño que se arriesga en la competición está al mismo tiempo asumiendo la posibilidad de fracasar. Los niños resilientes entienden que esa posibilidad depende del territorio en que se encuentren. Aquellos que pueden tener dificultades con algún aspecto de la resiliencia ven el riesgo como innecesario y se protegen contra él a toda costa, incluso cuando eso significa renunciar a ciertas metas.

Recuerdo que cuando mi hija tocaba en una banda de música, tenía el puesto de segunda flauta, y cuando le pregunté por qué no se había presentado a primera flauta, me contestó que podía fracasar. Cuando presioné un poco más para saber cómo definía el fracaso, desvió la conversación; afirmó que realmente no «necesitaba» ser primera flauta, que era más importante para su amiga permanecer en esa posición. No dudo que las necesidades de su amiga fueron uno de los factores que pudieron haber influido en las decisiones de mi hija. Pero también sé que no asume riesgos. Cuando se le presentó una situación que implicaba asumir un riesgo y satisfacer sus propias necesidades o mantener su *statu quo* y satisfacer las necesidades de una amiga, esta última fue para ella la mejor opción.

El razonamiento de mi hija es un ejemplo típico de cómo sopesan los introvertidos sus opciones y, además, pone de manifiesto su incesante pensar y repensar ante la situación de tener que tomar casi cualquier decisión. Los niños introvertidos lo consideran y ponderan todo. Sus mentes están en constante reflexión, y razonan para explicarse todo lo que sucede. Como he comentado anteriormente, a veces esto es bueno, en el sentido de que profundizan más de lo que lo hacen los extrovertidos. Sin embargo, muchas veces los introvertidos van demasiado lejos y permiten que su pensamiento los atrape en la indecisión. Sopesan cada opción hasta la saciedad; temen tomar una sola decisión por miedo a que sea una decisión equivocada. Su resiliencia sufre un debilitamiento en el momento en que están sacrificando dominar un campo de trabajo o una destreza solo para evitar cometer errores. Es la eterna trampa que lleva al niño introvertido a la inacción, con el consecuente fracaso como resultado.

En otras palabras, es exactamente lo contrario de lo que debería hacer para combatir su miedo al fracaso.

HOJA DE CONSEJOS N.º 18

Cómo desarrollar la tolerancia al cambio

- Ayuda a tu hijo a identificar sus preocupaciones con respecto al cambio.
- Enséñale a ser capaz de solucionar problemas.
- Dale ejemplo para que aprenda a ser flexible.
- Dale la oportunidad de realizar cambios no planificados durante la semana.
- Enséñale que el cambio es normal y señálale los ejemplos que surjan en vuestro entorno para que los vea.

Los padres pueden ayudar a los niños introvertidos en esta situación si les refuerzan la resiliencia y, además, les señalan la relación que existe entre el fracaso y el hecho de permanecer pasivos. Tanto hacerse más independiente de las situaciones como tener un sistema de apoyo fuerte y equilibrar las reacciones emocionales son componentes de la resiliencia que pueden combatir cualquier efecto negativo del fracaso, ya sea un fracaso real o la percepción subjetiva del mismo. Pero puede que la resiliencia por sí sola no sea suficiente. Los niños introvertidos pueden necesitar, además, reformular su definición de lo que entienden por fracaso.

En el mundo de hoy, las situaciones y los hechos a menudo aparecen encuadrados de forma rígida. Se dice que una cosa está bien o está mal, cuando, en realidad, nada es tan blanco o negro. La mayoría de nosotros funcionamos en un mundo compuesto por un millón de tonos de gris, en el que el único camino garantizado hacia la insatisfacción es el estancamiento.

Los niños introvertidos se resisten mucho al cambio. Prefieren sufrir una situación desagradable que arriesgarse a tomar medidas y encontrarse con un escenario peor. Rara vez se dan cuenta de que el orden natural de las cosas es la acción y que, por tanto, lo que hay que evitar es la pasividad. Es cierto que llevar a cabo cualquier acción implica cierto riesgo y la posibilidad de fracasar desde su punto de vista subjetivo, aunque no suponga un fracaso real. Pero si podemos ayudarlos a desarrollar una tolerancia hacia algún grado de cambio, además de a darse cuenta de que el cambio es una de las pocas cosas garantizadas en este mundo, llegaremos muy lejos en cuanto al aumento de su capacidad para hacer frente a los fracasos subjetivos. La hoja de consejos n.º 18 (página 181) da varias sugerencias para aumentar la tolerancia al cambio de tu hijo introvertido y disminuir la rigidez que suele acompañar a este tipo de temperamento.

Es importante destacar que cuanto más abrumado está el niño introvertido, más rígido puede parecer. Fíjate en los cambios de estado de ánimo de tu hijo y trata de guiarlo antes de que el estrés se apodere de él. Revisa las opciones para establecer un estilo de vida saludable comentadas en el capítulo seis. Asegúrate de que tu hijo introvertido coma adecuadamente, descanse lo suficiente y se tome el tiempo necesario para renovar sus reservas de energía, ya que esto es fundamental para prevenir muchos de los aspectos negativos del estrés y la escasez de herramientas para sobrellevar las dificultades. Una vez que tu hijo se atrinchere en su rigidez, te resultará más difícil convencerlo para que haga algo al respecto.

HOJA DE CONSEJOS N.º 19

Cómo recuperarse de los contratiempos

- Apártate de la crisis inmediata.
- Tómate un momento para calmarte. Recuérdale a tu hijo cómo calmarse a sí mismo.
- Una vez que todos hayáis salido de la crisis, hay que hablar sobre lo que ha sucedido.
- Dale tiempo y espacio a tu hijo para que se tranquilice.
- Reevalúa su horario para evitar futuras sobrecargas de energía.

A veces, a pesar de que hacemos todo lo que podemos por ayudarlos, los niños introvertidos experimentan fracasos y pérdidas que los desbordan. Se encierran en sí mismos, se vuelven beligerantes y desconectan. En ese momento, los padres deben centrarse en la recuperación. Esto será difícil la mayor parte del tiempo, ya que la ira y la frustración que siente el niño a menudo se dirigen directamente a los padres. Recordar no tomárselo como algo personal y concentrarse en ayudar al niño a volver a un estado de calma puede resultar agotador. De hecho, estoy segura de que será así. Pero participar en una batalla cuando tu hijo introvertido se halla en este estado es un esfuerzo inútil que solo terminará en la desdicha para todos los involucrados. En lugar de eso, da un paso atrás y ayúdalo a recuperar el control de sus emociones. Utiliza la hoja de consejos n.º 3 (página 88) para lograr mantener la distancia. Pon en práctica las estrategias de relajación que se encuentran en la hoja de consejos n.º 7 (página 124) y ayuda a tu hijo a encontrar su centro de nuevo. Cuando la crisis haya terminado y el niño ya esté calmado, podrás entablar una conversación sobre cómo evitar la crisis en el futuro. Recuerda que los introvertidos abrumados se volverán aún menos habladores y menos capaces de resolver problemas. Concédeles el tiempo y el espacio que necesitan para recuperarse antes de tratar de redirigir su comportamiento.

Recuperarse de los reveses es un aspecto vital de la resiliencia que los padres pueden ayudar a desarrollar en sus hijos. La hoja de consejos n.º 19 (página 183) muestra lo que hay que tener en cuenta a la hora de enseñar a los niños a recuperarse de los contratiempos de la vida.

No puedo dejar de mencionar a los niños superdotados, especialmente los que son introvertidos, en un capítulo dedicado a lidiar con el fracaso. Los niños superdotados son, por su naturaleza, muy intensos, y con más tendencia a la introversión que otros niños (Sword, 2000). Dado el funcionamiento natural de los introvertidos, no es de extrañar que sea este el temperamento más prevaleciente entre los niños superdotados. Los introvertidos que son superdotados tienen la misma necesidad de estar solos que los demás introvertidos. Sin embargo, presentan los aspectos más negativos de la introversión a niveles más intensos. Cuando se alejan del ambiente agitado del colegio y se refugian en un libro, suelen dar la impresión de que están completamente aislados de toda interacción social. Cuando se sienten abrumados, normalmente se tornan explosivos debido a la intensidad inherente a su alta capacidad intelectual. Esta naturaleza explosiva a menudo hace que se emitan diagnósticos y tratamientos incorrectos por parte de padres y profesionales bien intencionados que no entienden que el comportamiento explosivo de un niño superdotado e introvertido es «normal».

Ayudar al niño superdotado es similar a ayudar a cualquier niño introvertido, pero a un nivel comparativamente más intenso. En el caso de los superdotados, es imperativo abordar las cuestiones preocupantes lo antes posible y ayudarlos a desarrollar hábitos de vida saludables, a que tengan un mayor equilibrio en sus vidas sobrecargadas de actividades programadas y a que sean muy conscientes de su introversión. De esta manera, podrán desarrollar la capacidad de tomar el control sobre sus propias elecciones y de aprender a equilibrar su introversión lo más tempranamente posible.

NOTAS DE CLASE: CÓMO MANTENER UNA PERSPECTIVA SALUDABLE EN CUANTO AL FRACASO

El fracaso es algo con lo que la mayoría de los educadores se enfrentan a diario a medida que los niños aprenden y adquieren el dominio de habilidades cada vez más complejas. Pero manejar la situación del alumno introvertido que siente que fracasa puede resultar algo más difícil de lo que nos imaginamos. Analicemos una situación bastante corriente: estás repartiendo trabajos corregidos. Los extrovertidos miran sus calificaciones y comparten sus opiniones sobre ellas con la mayoría de sus amigos. Los introvertidos, en cambio, no. Después de echar un vistazo rápido, dejan a un lado su trabajo. Si han obtenido la calificación que esperaban, no hay problema. Sin embargo, si la calificación es más baja de lo esperado o si han suspendido, se desencadenan una multitud de emociones al mismo tiempo.

En primer lugar, es probable que hagan una serie de comentarios de autodesprecio. Luego, que se dediquen a fantasear sobre lo que sus padres pensarán o lo que sus notas pueden significar para su futuro. Así, la frustración se instala a medida que se van sintiendo desbordados por sus propias reacciones emocionales internas. Toda esta cadena pasa desapercibida para el profesor y para los demás alumnos. Nadie se da cuenta de que el niño acaba de entrar en una crisis emocional. Si el niño introvertido tiene una máscara pública muy bien desarrollada, puede continuar en la clase e incluso el resto del día sin que nadie vea la confusión que se está gestando bajo la superficie. Si la máscara aún no está bien desarrollada, puede pedir ver a la enfermera debido a un dolor de cabeza o ir al baño a llorar —o a cualquier otro lugar, mientras no sea público—.

Es posible que el educador nunca llegue a enterarse de lo que el alumno estaba sintiendo ante el fracaso que acaba de experimentar. De hecho, puede que le parezca que no le importa la calificación o que tiene una capacidad de recuperación asombrosa y que está muy bien adaptado. No es hasta que el niño sufre una gran explosión conductual fuera de la clase o en casa cuando alguien se entera de que hubo un problema.

¿Qué puedes hacer para ayudar al niño a procesar la calificación sin sentirse abrumado por el fracaso percibido? Primero, empieza el año valorando tanto el nivel de aprendizaje alcanzado como el proceso, como ya he comentado anteriormente. Enseña a tus alumnos que el aprendizaje solo se consigue pasando por el riesgo y el fracaso. Una vez que hayas establecido un enfoque equilibrado de la educación, concéntrate en conocer a tus alumnos. Regresa a la primera parte de este libro y asegúrate de saber cuáles de tus alumnos son introvertidos. Cuando reciban una calificación baja, dales tiempo para procesarla. Acércate a ellos si quieres que vuelvan a hacer el examen o que hablen sobre la calificación. No esperes a que sean ellos los que vayan a hablar contigo. Si hay algo en su comportamiento que te preocupe, no dejes de ponerte en contacto con sus padres. Colaborad juntos para ayudar al niño introvertido a aprender que el fracaso es una parte natural del aprendizaje. Guiar a tu alumno hacia una visión menos rígida del éxito y el fracaso es la mejor manera de asegurarte de que todos los alumnos, sobre todo los introvertidos, mantengan una perspectiva sana en lo que se refiere a las calificaciones y el rendimiento.

LA PRESIÓN DE TENER QUE RENDIR. PREGUNTAS Y RESPUESTAS

Hoy en día, los niños están sometidos a mucha presión para rendir en los colegios. Las expectativas de las escuelas en torno al rendimiento de sus alumnos y la competencia en los deportes y en el entorno académico, así como la presión para «sacar buenas notas», pueden obstaculizar el rendimiento de nuestros hijos, especialmente el de nuestros hijos introvertidos. Las siguientes preguntas las han planteado padres y maestros al debatir sobre sus opiniones sobre los exámenes estatales en todo el país, en Estados Unidos, y sobre las presiones que observan en sus hijos.

Mi hijo está teniendo problemas graves en los exámenes de matemáticas. En casa se lo sabe todo, pero no es capaz de reflejarlo en los exámenes. Además, tiene problemas para concentrarse en la clase de matemáticas. Pero insiste en que

las matemáticas son su asignatura favorita. ¿Cómo podemos ayudarlo en su rendimiento escolar?

Yo creo que las matemáticas sí son su asignatura favorita, independientemente de su rendimiento en esta área. Es importante recordar que el rendimiento en un tema no se correlaciona con el disfrute. Hay muchas cosas que disfrutamos, pero en las que no destacamos. Con esto y con todo, hay algunas cosas que puedes hacer para ayudarlo con su rendimiento en los exámenes de matemáticas.

Primero, asegúrate de que haya tenido tiempo suficiente para prepararse para los exámenes. Distribuye el estudio a lo largo de varios días. Segundo, cambia el enfoque de los resultados a los procesos. En otras palabras, céntrate en cómo está aprendiendo la materia, no en sus niveles de precisión. Existe la posibilidad de que se esté «atragantando» con los exámenes, que lo presionan a rendir al máximo.

Por último, hay que tener cuidado con el exceso de estudio. Sí, así es, puedes estar demasiado preparado para un examen. Como ya he comentado anteriormente, los introvertidos se involucran con altos niveles de diálogo interno, en el cual a menudo narran su día y, lo que es más importante, sus sentimientos sobre el día. Cuando un alumno experimenta dificultades en un área específica, ese constante diálogo interno puede estar socavando su confianza en sí mismo al repetir los fracasos del pasado en un bucle interminable. Dedica un poco de tiempo a ayudar a tu hijo a aprender a comprender su discurso mental y a cambiar lo negativo por un discurso positivo y estimulante. Utiliza algunas de las estrategias comentadas para ayudarlo a escribir un discurso mental más positivo. Hará falta practicar un poco, pero servirá de ayuda.

¿Existen programas para ayudar a este tipo de niños? ¿Qué pasos pueden dar los padres para conseguir ayudar a sus hijos introvertidos si tienen dificultades?

Las escuelas han mejorado mucho en su forma de abordar las dificultades académicas de los niños. El reciente modelo de respuesta a la intervención ha proporcionado un marco para abordar la recuperación académica en el entorno de la educación general. Este marco está diseñado para estar disponible para cualquier niño en cualquier momento durante su trayectoria académica. En el caso de los introvertidos, sin embargo, las aparentes dificultades académicas pueden tener sus raíces en algo más que un déficit real en el dominio de las habilidades. Podrían tener sus raíces en la naturaleza misma de la introversión. Si el niño tiene dificultades con las presentaciones orales o las pruebas rápidas, la introversión puede estar obstaculizando su capacidad de demostrar su dominio de las asignaturas. En estos casos es importante entender la causa de la dificultad antes de desarrollar un plan de acción. Una vez que se ha determinado la causa, los padres y el colegio pueden colaborar conjuntamente para elaborar una solución. La hoja de consejos n.º 20 (página 190) destaca algunas consideraciones para el equipo a la hora de desarrollar un plan de acción en este sentido.

¿Cómo puedo ayudar a los responsables del centro escolar a entender lo que es la introversión?

Como he comentado en anteriores preguntas y respuestas, la mayoría de los programas de formación de profesores no instruyen a los educadores acerca de la repercusión del temperamento sobre el aprendizaje. Es posible que el docente de tu hijo no entienda que las dificultades que tiene están relacionadas con la introversión o que no hay dificultades reales en absoluto, sino solo una diferencia en el estilo de aprendizaje. Es importante que los padres, como principales defensores de su hijo, trabajen con el colegio en lo referente a su educación. Convoca una reunión con el profesor a principios de curso y proporciónale información sobre los estilos únicos de aprendizaje y temperamento de tu hijo. Luego, a medida que vayan surgiendo temas a lo largo del año, trabaja en colaboración con el colegio para asegurarte de que tu hijo está recibiendo una educación adecuada. Finalmente, recuerda que si bien los educadores son expertos en la enseñanza, tú eres el experto en tu hijo. Trabajar en colaboración con la escuela permite a todas las partes formar una alianza para ayudar al niño.

HOJA DE CONSEJOS N.º 20

Cómo desarrollar un plan

- Estableced metas comunes para las reuniones y el plan.
- Analizad los puntos fuertes del niño antes de examinar las cuestiones que puedan ser motivo de preocupación.
- Resolved las áreas de dificultad que el niño está experimentando.
- Decidid cuáles son los objetivos evaluables en los que se debe concentrar la atención.
- Haced que el plan sea sencillo.
- Revísalo con frecuencia para comprobar los avances.
- Modificad o reelaborad el plan según sea necesario.

Mi hija parece quedarse atrapada en un bucle de pensamiento negativo. ¿Hay algo que pueda hacer para ayudarla a cambiar esta forma de pensar?

Ah, sí, el bucle de la perdición. Lo conozco bien. La mayoría de los introvertidos se quedan atrapados en este bucle de vez en cuando; se centran excesivamente en los fracasos del pasado y otras formas de negación. Ayudar a tu hija a cambiar su forma de pensar comienza por hacerla consciente de sus patrones de pensamiento para empezar. Utiliza la hojas de consejos de este capítulo para ayudarla a identificar los tipos de negación en los que se implica, y que sustituya sus pensamientos por mensajes más positivos. Además, debe establecer un momento del día en el que pueda desconectar de todos sus pensamientos. La meditación, los deportes e incluso las actividades creativas pueden ayudarla en este sentido. Aprender a controlar el interminable pensamiento inherente a la introversión es vital para desarrollar un temperamento más equilibrado.

Creo que a algunos de mis alumnos se los ha clasificado erróneamente como discapacitados de alguna manera, cuando tal vez se trate más bien de una cuestión de temperamento. ¿Es posible que eso suceda?

Sí, puede ocurrir que se etiquete erróneamente a un alumno cuando el verdadero problema es el temperamento. Muchas veces las etiquetas de trastorno por déficit de atención e hiperactividad se asignan tanto a los niños extrovertidos como a los introvertidos, en relación con la hiperactividad aparente en el primer grupo, y en relación con la presunta falta de atención en el segundo grupo. De la misma manera, los diagnósticos del trastorno del espectro autista, el trastorno de integración sensorial y los trastornos de ansiedad a menudo pueden confundirse con la introversión. Creo que esto sucede porque muchos de estos diagnósticos son diagnósticos por descarte con grandes componentes conductuales. Estas conductas pueden asemejarse entre sí y causar algunas dificultades para hacer un diagnóstico diferencial. Es importante que cualquier etiqueta, ya sea educativa o médica, sea determinada por personal cualificado que esté bien capacitado en múltiples áreas y que realice diagnósticos diferenciales difíciles. En el entorno escolar, donde se colocan etiquetas basadas en el comportamiento de los estudiantes de acuerdo con varios diagnósticos y necesidades, es especialmente importante que los psicólogos escolares y otros miembros del personal tengan cuidado de no etiquetar mal a los niños, para evitar así aplicarles tratamientos incorrectos. Aunque es frecuente que se etiquete mal a los alumnos que son introvertidos como si padecieran algo más significativo, también es posible que sean introvertidos y, a la vez, tengan ansiedad o un trastorno del espectro autista. El temperamento por sí solo no excluye estas posibilidades. La clave es asegurarse de tener en cuenta al niño en su totalidad al asignar las etiquetas o al recomendar ciertos diagnósticos.

EN RESUMEN...

Las ideas más importantes

- Desarrollar buenas herramientas para poder superar el fracaso implica desarrollar una gran capacidad de recuperación.
- Los introvertidos a menudo tienen dificultades con los fracasos relacionados con:
    * La trampa del pensamiento interno.
    * El debate entre dar prioridad a las necesidades de los demás y a las suyas propias.
    * El forcejeo entre su persona pública y la privada.

- El cambio es el orden natural de las cosas.
- Los introvertidos tienen dificultades con los cambios y pueden necesitar ayuda para desarrollar la tolerancia al cambio.
- Los introvertidos pueden volverse explosivos cuando se enfrentan a un fracaso.

Los introvertidos superdotados tienen necesidades y dificultades similares a las de los demás introvertidos, pero reaccionan de una manera aún más intensa.

Complementos

- Hoja de consejos n.º 18. Cómo desarrollar la tolerancia al cambio, página 181.
- Hoja de consejos n.º 19. Cómo recuperarse de los contratiempos, página 183.
- Hoja de consejos n.º 20. Cómo desarrollar un plan, página 190.

12

Con sus propias palabras
LA PRESIÓN POR ALCANZAR EL ÉXITO. LOS INTROVERTIDOS DE LA EDUCACIÓN SECUNDARIA SE PRONUNCIAN

C omencé a dirigir grupos de enfoque cuando estaba investigando para mis libros de autoayuda para niños, *101 Success Secrets for Gifted Kids* [101 secretos del éxito para niños superdotados] y *The Girl Guide* [La guía para niñas]. Me reuní con cientos de niños y les hice preguntas específicas sobre los superdotados, la escuela, la presión de los compañeros y otras.

Uno de los grupos de enfoque con estudiantes de secundaria cubrió las ideas del temperamento y la presión para dar la talla en clases de nivel de excelencia. He tomado parte del contenido de ese grupo y lo he incluido aquí. Habla de las presiones que muchos adolescentes introvertidos y brillantes sienten cuando se trata de satisfacer las expectativas de un mundo que celebra la extroversión, a veces a expensas de la introversión.

Antes de exponer la entrevista, voy a dar algunos datos sobre el grupo. Estaba formado por once estudiantes de último y penúltimo curso de secundaria (cinco niños y seis niñas). Había una diversidad de etnias: asiática, de las islas del Pacífico, afroamericana, hispana y blanca. Los niveles socioeconómicos eran desconocidos. Cada uno de los participantes había sido identificado en su escuela como superdotado. Se identificaron a sí mismos como introvertidos por su preferencia por la soledad cuando necesitaban renovarse. Nueve de ellos estaban participando en el programa de excelencia de su escuela (cinco niñas y cuatro niños), mientras que los otros dos habían asistido por lo menos a una clase de nivel de excelencia durante su trayectoria en la enseñanza secundaria. Los once estaban participando como mínimo en una actividad extracurricular, y nueve de ellos en tres o más actividades durante el año escolar. Todos declararon que planeaban solicitar la admisión a una carrera universitaria de cuatro años. Los participantes del grupo no estaban obligados a proporcionar sus nombres. Por esa razón, los he identificado como alumnos del 1 al 11.

Quiero daros las gracias a todos, una vez más, por participar en el grupo de esta tarde. Las siguientes preguntas se refieren a lo que significa ser introvertido en un mundo académicamente exigente como el de hoy. Empecemos con una pregunta básica: ¿crees que la escuela es más difícil para un introvertido?

Alumno 1: Sí, totalmente.

Alumno 8: Creo que nuestros profesores siempre esperan que tengamos tiempo para hacer los deberes y los trabajos. Y eso además de las actividades extraescolares en las que se espera que participemos.

Alumno 11: Hay mucha presión para que nos expongamos, para que nos demos a conocer. Para mí es muy incómodo.

Alumno 1: Sí, preferiría quedarme entre bastidores, ¿sabes? Pero eso no hace que las universidades te descubran.

Alumno 3: Algunos de nuestros profesores esperan que no tengamos problemas para hablar delante de la clase y participar activamente en los círculos interactivos [seminarios socráticos]. A mí me resulta difícil.

Alumno 11: Pero nos tenemos los unos a los otros.

Alumno 3: Eso es lo que me permite superar todo esto, saber que mis amigos me «entienden» y están pasando por lo mismo.

¿Qué hay de la presión para sobresalir? ¿Hay alguna diferencia en cómo se siente esa presión en función del temperamento?

Alumno 2: Es difícil de responder. Yo soy introvertido. No tengo ni idea de cómo se sienten mis amigos extrovertidos. No es algo de lo que hablemos.

Alumno 6: Lo que puedo decir es que la mayoría de mis amigos extrovertidos son más expresivos acerca de la presión, eso es seguro.

(Risas y asentimientos del grupo).

Alumno 6: En serio, tengo amigos que parecen más extrovertidos que yo. Hablan de que sienten mucha presión en la escuela. De hecho, hablan de eso con frecuencia.

Alumno 3: Pero nosotros no. Creo que la única vez que hablo de las presiones que siento es si alguien lo pregunta. E incluso entonces me cuesta admitir lo que siento. Ni siquiera se lo cuento a mi madre. Es demasiado difícil.

¿Es eso cierto para la mayoría de vosotros? ¿Dudáis en hablar alguna vez de vuestro estrés y presión?

(Más asentimientos).

Alumno 10: Creo que todos los que estamos en programas de excelencia sentimos esa presión por superarnos. En cierto modo son *gajes del oficio.* Necesitamos sacar buenas calificaciones, participar en actividades de liderazgo, estar en grupos deportivos o artísticos, participar en voluntariado... Es mucho para digerir. Pero no creo que esto afecte solo a los introvertidos. Todos, en este tipo de programas, van a sentir algún nivel de presión. Pero creo que los niños introvertidos hablan menos de ello.

¿Alguno de vosotros participa en deportes de competición? ¿Es difícil, dado vuestro temperamento?

Alumno 5: No todos participamos en deportes. Pero sí en actividades competitivas.

Alumno 6: Simulacros de juicios, debates, deportes... Algo que quede bien de cara a la solicitud de ingreso a la universidad.

Alumno 5: Sí. Y todos tratamos de tener roles de liderazgo en esos grupos. Esa es la parte más difícil para mí. Si uno de mis amigos más extrovertidos quiere la misma posición, rara vez voy a ir a por ella. En vez de eso, crearé una nueva posición que pueda conseguir. Es más fácil que tratar de «venderme» a las demás personas del grupo.

Alumno 3: Yo soy nadador de competición. Para mí no es difícil ser parte del grupo. Solo nado, y cuando estamos de concentración, entre evento y evento escucho música y me relajo. No es gran cosa.

Alumno 11: Yo también hago natación. Y sí, no es muy difícil en términos de mi temperamento ni nada. Aunque mis entrenadores no entienden todo eso de ser introvertido. No entienden que gritarme delante de todo el mundo es muy duro para mí.

Alumno 7: Sí, parece que a los entrenadores nunca les importa cómo te sientes al ser corregido en voz alta en el entrenamiento.

¿Qué hay de las demás actividades extraescolares? ¿Hay algún tipo determinado que os atraiga más? ¿Cuáles son?

Alumno 2: Creo que tenemos intereses variados, como en todo lo demás. Por supuesto, muchos participamos en actividades similares. Pero está más relacionado con nuestras metas universitarias. Todos preferimos las actividades que quedan mejor en las solicitudes de ingreso a la universidad.

Alumno 5: A algunos nos gustan los juicios o debates simulados, a otros nos atraen el voluntariado o las actividades que organizan las parroquias y hay otros a los que les interesa lo que tenga que ver con las actividades artísticas.

Alumno 2: Todos tratamos de involucrarnos en muchas cosas diferentes. De cara a la universidad.

Alumno 9: Bueno, no solo con vistas a la universidad. A mí me gusta todo lo que tiene que ver con el discurso, y me ha ayudado a vencer el miedo a hablar en público.

¿Os parece que a los introvertidos les resulta más difícil acceder a la universidad? ¿Por qué?

Alumno 1: Yo no creo que el temperamento tenga nada que ver con la posibilidad de acceder a la universidad.

Alumno 3: Menos la parte de la entrevista. Yo me doy cuenta de que tengo miedo a eso.

Alumno 1: Sí, ¡es que esa parte nos da miedo a todos! Y, además, hay clases de preparación para la entrevista, así que te puedes apuntar y eso te puede ayudar.

Alumno 3: Sí, son unas clases en las que se practica una simulación de la entrevista. Lo pasas casi tan mal como en la entrevista real.

Alumno 9: A mí no me preocupa el acceso a la universidad. Y, además, tampoco creo que el temperamento tenga nada que ver con la dificultad para entrar. Pero me parece que me atraen más las universidades pequeñas y que eso sí que tiene que ver con mi tipo de temperamento. La idea de estar en una clase de cincuenta o cien alumnos me suena horrible. Mi lista de posibles universidades a las que iría está compuesta por las que tienen pocos alumnos por aula.

¿Qué constituye la mayor dificultad, en secundaria, para los introvertidos?

Alumno 5: Yo odio los aspectos sociales de la escuela secundaria. Me siento afortunado de haber encontrado un montón de gente que entiende mis estados de ánimo, mi necesidad de estar solo y mi falta de voluntad para hablar de algunas cosas. Pero es muy difícil con algunos de mis otros compañeros de clase.

Alumno 9: Yo tengo la impresión de que me malinterpretan. Incluso mis amigos. Creen que estoy siendo, no sé, una esnob, supongo. Simplemente no entienden mi necesidad de estar sola, o mi inseguridad cuando estoy con gente.

Alumno 5: ¡Te entendemos!

Alumno 9: Sé que vosotros sí, pero hay mucha gente que no. Asumen que soy antipática cuando me alejo. O que hay algo «malo» en mí. Para mí esa es la parte más difícil de la secundaria.

Alumno 10: Sí, totalmente de acuerdo. Y yo, además, estoy de acuerdo en que el aspecto social es un asco la mayor parte del tiempo. He tardado unos tres años en encontrar amigos que son como yo. Este año ha sido mucho mejor gracias a eso. El año que viene, todos vamos a ir a diferentes universidades y nos apuntaremos a diferentes actividades. Eso me pone un poco nerviosa. No quiero volver a sentirme totalmente sola otra vez.

Bueno, y vosotros, los mayores, ¿alguno de vosotros va a intentar seguir en contacto con los demás?

Alumno 10: Yo sé que sí lo voy a hacer, o por Facebook o por mensajes de móvil.

Alumno 5: Sí, yo pienso seguir en contacto con todo el mundo, seguro.

Este vistazo a las mentes de un grupo de niños superdotados introvertidos me facilitó una gran cantidad de información sobre algunas de las cosas que encuentran más difíciles como introvertidos que intentan sobrevivir en una cultura extrovertida. Sus respuestas dieron forma a algunas de las técnicas elaboradas para este libro. Espero que encuentres útiles sus ideas a medida que vas profundizando en el tema y desarrollando tus estrategias para trabajar con niños introvertidos.

Cuarta parte

LOS NIÑOS INTROVERTIDOS ANTE LAS RELACIONES SOCIALES

Las dinámicas sociales son un reto para los introvertidos. Esta parte examina la relación del niño introvertido con las dinámicas sociales, e incluye consejos relacionados con el desarrollo de habilidades sociales y para ayudar al niño a descubrir su lugar en el mundo.

La cultura occidental a menudo mide el éxito social en términos del número de amigos que tienes, tu habilidad para interactuar en situaciones sociales y tu habilidad para «venderte» en cualquier situación. Para el niño introvertido tratar de estar a la altura de estas ideas puede ser un motivo de frustración. Los padres lo sienten a menudo como un fracaso cuando ven que su hijo es incapaz de hacer frente a las presiones sociales de una cultura que niega las necesidades reales del introvertido.

Esta parte analiza las dinámicas sociales, las presiones para interactuar socialmente y las maneras en que los niños introvertidos pueden conectarse sin sacrificar su necesidad de soledad. También se examina el desarrollo de una fuerte resiliencia social, así como las formas en que la tecnología puede mejorar la capacidad de conexión de estos niños. Se termina con consejos para los padres sobre cómo ayudar a sus hijos a reconocer y valorar sus puntos fuertes y a prosperar en un mundo que puede ser desbordante.

Al comenzar esta parte del libro reflexiona sobre tus sentimientos acerca de la dinámica social y la presión por encajar. Dedica un par de minutos a responder las preguntas del cuestionario n.º 5 antes de leer el siguiente capítulo.

CUESTIONARIO N.º 5

Ideas acerca del introvertido en relación con las dinámicas sociales

1. A mi hijo introvertido le va bien socialmente en cuanto a ......
.... (*completar la frase*).

2. Mi hijo introvertido tiene dificultades para relacionarse a nivel social en cuanto a .... (*completar la frase*).

3. Lo que más me preocupa con respecto a mi hijo introvertido, en lo que a relaciones sociales se refiere, es ....
(*completar la frase*).

4. Desearía que mi hijo introvertido fuera más abierto.
   ❐ Verdadero   ❐ Falso

5. Mi hijo introvertido tiene un fuerte sentido de su identidad.
   ❐ Verdadero   ❐ Falso

6. Si las respuestas a estas cuestiones me indican que mi hijo tiene problemas para relacionarse socialmente, ¿cuál creo que es su mayor hándicap? .... (*completar la frase*).

Una vez que hayas terminado, dedica un momento a reflexionar sobre tus respuestas y considera las siguientes preguntas: ¿qué es lo que más te preocupa del desarrollo de tu hijo, respecto a las relaciones sociales? ¿Cuál es el punto fuerte de tu hijo respecto a las relaciones sociales? ¿Cuál es su principal obstáculo?

13

CÓMO SOBREVIVIR A LAS RELACIONES SOCIALES

Yo sé lo que tengo que hacer para encajar. Es duro, pero que los demás piensen que no perteneces al grupo es aún peor.

Pedro, 12 años

E l desarrollo social puede ser duro para la mayoría de los niños, ya que cada vez es más difícil compaginar las necesidades con las expectativas, sobre todo en el caso de los introvertidos, a quienes se percibe incorrectamente en la cultura dominante, que da prevalencia a la extroversión.

La sociedad occidental nos envía el mensaje de que hay que ser socialmente agresivo para ser escuchado, y de que los que son escuchados llegan más lejos que los que no lo son. Así, quienes son reservados o callados, son considerados menos prometedores, a pesar de sus logros.

Y, lo que es más, a menudo se elogia a las personas por su capacidad para entablar amistades y participar en actividades muy sociales, mientras que a los más retraídos socialmente se les ponen etiquetas que sugieren que son de alguna manera «inferiores» por el hecho de ser así. A pesar de que últimamente se haya reconocido el valor de la introversión a través de libros como *El poder de los introvertidos,* de Susan Cain, y otras publicaciones similares, si buscamos en Google el término *introvertido*, vemos una cantidad desproporcionadamente alta de entradas que lo definen en términos negativos.

¿Cómo son percibidos los introvertidos por los extrovertidos, y qué impacto tiene esto sobre el desarrollo social? La mayoría de la gente ve a los niños introvertidos como tímidos, retraídos o distantes. Son etiquetados como demasiado ensimismados, solitarios o con otros términos despectivos, lo cual hace que sientan que tienen algún tipo de defecto intrínseco. Comienzan a creer que, a menos que puedan superar su inseguridad para desarrollar una personalidad extrovertida, estarán condenados para siempre a ser menos que sus compañeros más sociables.

Obviamente, esta es la versión extrema de lo que muchos introvertidos sienten. Pero es algo que debemos considerar al ayudar a los niños introvertidos a convertirse en adultos.

Los niños introvertidos en realidad tienen mucho que ofrecer a sus amistades. Profundamente interesados en el mundo y en el aprendizaje, tienen el potencial de desarrollar relaciones a un nivel mucho más profundo en comparación con los extrovertidos. Además, muchos adultos introvertidos no son ni tímidos ni distantes, de lo cual yo misma soy un buen ejemplo. Como mencioné al principio del libro, me siento muy cómoda haciendo presentaciones ante cientos de personas. Pero si estoy demasiado tiempo frente a tanta gente, me agoto peligrosamente. Soy una apasionada de aquello que me interesa, y a menudo trabajo más tiempo que muchos de mis amigos extrovertidos. Soy capaz de relacionarme y mantener varias amistades y tengo poca dificultad para articular mis necesidades y deseos. Es cierto que estas son habilidades que he pasado toda mi vida aprendiendo, pero es toda una prueba de que las primeras percepciones erróneas de mi introversión no tenían que resultar en un problema permanente.

HOJA DE CONSEJOS N.º 21

Cómo renovarse a lo largo del día

- Tomarse unas vacaciones mentales.
- Dar un paseo breve.
- Cerrar los ojos y aclarar los pensamientos.
- Reírse.
- Cambiar la rutina.
- Ir a una tienda y descubrir algo nuevo.
- Dar una vuelta en coche.
- Volver a ponerse en contacto con un amigo.

¿Cómo se puede superar la distancia entre cómo se percibe a los introvertidos y lo que pueden llegar a ser? Creo que lo primero es ayudar a los niños introvertidos a ver las ventajas de su introversión, no solo los mensajes negativos que pueden recibir a diario. Se puede trabajar con ellos para que se enfoquen en las buenas cualidades de su temperamento. Vuelve al capítulo tres y repasa la hoja de trabajo n.º 4 (página 67). Ayuda a tu hijo a hacer una lista de los enunciados positivos a la que pueda recurrir regularmente para recordarse a sí mismo sus puntos fuertes.

Además de centrarse en los aspectos fuertes, es importante que los niños introvertidos comprendan los posibles inconvenientes de su introversión. Hay que recordarles la realidad de sus niveles de energía y cómo necesitan renovarse, ayudarlos a redefinir los hábitos saludables que han establecido previamente para mantener una vida sana y hacer que reconozcan los aspectos de su día que pueden agotarles la energía.

Saber qué tipo de cosas drenan a tus hijos introvertidos es el primer paso para desarrollar un plan para combatir la fatiga. Los consejos ofrecidos en esta página incluyen varios ejemplos de maneras de renovarse rápidamente cuando la energía del introvertido se va agotando. Llegar a sentirse cómodo con la introversión no siempre es suficiente. A veces el mejor regalo que le podemos hacer a nuestro hijo introvertido es ayudarlo a desarrollar competencias sociales que le permitan funcionar como extrovertido cuando sea necesario.

Recuerdo haber trabajado con una familia sobre este tema. Al hijo le gustaba hacer teatro y, aunque no tenía dificultades durante la representación e interpretaba su papel delante del público con facilidad, tenía problemas en los ensayos. Las horas y las constantes interacciones sociales lo dejaban agotado hasta el punto de llegar a la frustración, que a menudo le provocaba arrebatos en casa. A través de nuestro trabajo descubrimos que nunca se sentía «escuchado» durante los ensayos. Hacía sugerencias una o dos veces, pero por lo general se daba por vencido cuando sentía que no podía hacerse oír por encima de las decididas palabras de su muy extrovertido compañero de actuación. Sus padres y yo trabajamos para ayudarlo autoafirmarse y articular sus necesidades. Al principio habló solamente con una o dos personas, hasta que llegó a hacer sugerencias frente a un grupo numeroso.

Los siguientes consejos destacan algunas maneras de ayudar al niño introvertido a aprender a reivindicar sus necesidades.

HOJA DE CONSEJOS N.º 22

Expresarte y conseguir que se satisfagan tus necesidades

- Empezar por el respeto.
- Exponer claramente tu postura.
- Gestionar tus emociones.
- Ofrecer soluciones, no problemas.
- Escuchar a los demás sin interrumpir.
- No discutir.
- Ser flexible.

También trabajamos en maneras de renovar su energía durante los ensayos. Gracias a todo ello, el chico aprendió a sacar el máximo provecho de sus experiencias en el teatro sin sufrir algunos de los aspectos más negativos.

Algunas de las habilidades sociales necesarias para sobrevivir en nuestra cultura incluyen la habilidad de ser visto y escuchado dentro de la multitud, el arte de la conversación y la capacidad de colaborar dentro de un grupo. Estas habilidades, aunque son difíciles de aprender inicialmente para el introvertido, pueden tener un gran impacto positivo en su habilidad para funcionar en nuestra cultura occidental. Además, aprender estas destrezas mientras aprende a regular la propia energía permitirá al introvertido alcanzar sus metas dentro de nuestra sociedad actual.

La figura n.º 7 se basa en las habilidades de competencia social enumeradas en el capítulo diez, e incluye tanto los obstáculos a los que se enfrentan muchos introvertidos al adquirir estas habilidades como algunos trucos para superarlas. Utilízala como un punto de partida para que tu hijo vaya adquiriendo habilidades, centrándote en lo más fácil primero.

Adquirir un conjunto de habilidades sociales extrovertidas no significa que haya nada malo en ser introvertido, ni mucho menos. Simplemente significa que para aumentar los puntos fuertes de la introversión se requieren ciertas competencias sociales. Y estas incluyen muchas de las habilidades innatas que poseen los niños extrovertidos.

A medida que los introvertidos comienzan a ser más sociables, pueden tender a mostrarse demasiado abiertos, y entonces perderse a sí mismos y perder su voz introvertida entre el bullicioso mundo de los extrovertidos. Es importante enfatizar el equilibrio durante este tiempo. Demasiadas salidas sociales, demasiado tiempo pasado en ambientes ruidosos con mucha gente y demasiado énfasis en la socialización externa agotarán al introvertido. Y como he dicho varias veces, las fugas de energía casi siempre garantizan dificultades de comportamiento a medida que los introvertidos se rebelan contra esa fuga de energía y se muestran beligerantes y frustrados. Permanece atento a tus hijos introvertidos. Presta atención a sus estados de ánimo a medida que empiezan a experimentar socialmente. Ayúdalos a renovarse cuando se olviden de dedicarse tiempo a sí mismos.

DESTREZA	OBSTÁCULOS POTENCIALES	SOLUCIONES
Ser un buen conversador	Iniciar conversaciones	Practicar con amigos
Relajación	Difícil cuando está desbordado	Practicar la destreza cuando no esté estresado
Flexibilidad	El introvertido necesita rutinas y estructura para sentirse a salvo	Incluir espontaneidad en su rutina diaria; enseñarle destrezas para la resolución de problemas
Tranquilidad interior	El introvertido está constantemente pensando a lo largo del día	Incluir períodos de tranquilidad o meditación en su rutina diaria
Humor	El introvertido puede ser muy serio	Buscar oportunidades para reírse

Figura n.º 7. Habilidades de competencia social revisadas

Ninguna exposición sobre las interacciones sociales y los niños introvertidos estaría completa si no se aborda el tema de las amistades. Muchos padres pasan mucho tiempo preocupados por las interacciones de sus hijos con sus compañeros: «¿Tienen mis hijos suficientes amigos? ¿Son hábiles socialmente para el mundo en general?». Estas y otras preguntas inundan mi bandeja de entrada con una regularidad asombrosa. En mi opinión, lo que debemos preguntarnos no es si nuestros hijos tienen suficientes amigos, sino si los que tiene son buenos y si sus relaciones son sanas y beneficiosas.

Todos hemos tenido la experiencia de alguna amistad que nos consumía sin aportar nada bueno a nuestras vidas. Esto también puede ocurrir con los niños. Los extrovertidos rara vez se estresan por estas interacciones, sino que se mueven sin preocupaciones de una relación a otra con facilidad. Los introvertidos, sin embargo, pueden tener dificultades con las amistades. Como comenté, los niños introvertidos desarrollan relaciones profundas basadas en la intimidad. Están interesados en el funcionamiento interno de los demás. Debido a esto, solo construyen unas pocas amistades al mismo tiempo. Y si esas amistades se desvanecen, lo cual es normal que suceda durante la niñez, pueden tener dificultades con su reacción emocional a la pérdida.

Es importante que los padres alienten a sus hijos introvertidos a hacer amistades, entendiendo que una o dos son suficientes. También es importante que los ayuden a comprender que las relaciones pueden ir y venir durante toda la vida. Esto es normal y no es algo que se deba tomar demasiado en serio. Conociendo al introvertido, realizará un análisis mental de cada uno de los encuentros, especialmente si se desvanecen inesperadamente. Los padres pueden jugar un papel fundamental en ayudarlo a aprender a calmar ese diálogo interno y a equilibrar la reacción emocional. Centrarse en ver la vida como algo que cambia constantemente es una manera de ayudar a los niños introvertidos a entender la naturaleza transitoria de las amistades de la infancia. A los introvertidos, como he mencionado, no les gusta el cambio, pero aprender que la vida está en constante cambio puede ayudarlos a prepararse para las transformaciones que se producen en los ámbitos sociales a lo largo de la infancia.

En general, los niños introvertidos tienen grandes cosas que ofrecer socialmente. Como en la mayoría de las situaciones, se acercan a las amistades desde un punto de vista diferente al de los extrovertidos. Y aunque el aprendizaje de habilidades sociales fundamentales mejorará sus experiencias sociales, su habilidad innata para forjar relaciones profundas es algo que debe ser desarrollado y celebrado.

NOTAS DE CLASE: CÓMO PUEDEN FOMENTAR LA AUTOESTIMA LOS EDUCADORES

La mayoría de los educadores son muy conscientes del impacto de la autoestima y la motivación en el aprendizaje, y los profesores siempre están buscando maneras de alimentar y mejorar estos atributos dentro del aula. Esto puede ser particularmente importante en el caso de varios subgrupos de estudiantes, incluidos los introvertidos.

Como he comentado en la tercera parte, hay determinados ambientes de clase que van en contra de las cualidades del introvertido, al dificultar el desarrollo de su autoestima y su capacidad de recuperación general. Pero hay cosas que los educadores pueden hacer ahora mismo para mejorar los resultados de estos estudiantes y fomentar el desarrollo de una autoestima y una autoeficacia saludables.

Comienza con el análisis de los diversos temperamentos que hay en el aula y su impacto en el rendimiento general, algo que ya he señalado ampliamente. Una vez que hay una buena base de entendimiento, los educadores pueden centrarse en establecer vínculos con los alumnos. Esto es particularmente útil con los introvertidos, que requieren niveles más profundos de relación para sentirse seguros. Otra forma en que los educadores pueden disponer un aula que fomente la autoestima de los alumnos es recordar que deben utilizar el elogio basado en el desempeño, tanto de forma individual como en grupos más grandes. Es importante que este elogio se dé con más frecuencia que las correcciones, y que sea específico para el niño. En repetidas ocasiones se ha comprobado que los elogios por sí son ineficaces para motivar o nutrir a los niños. Así que asócialos al desempeño o al comportamiento. En el caso de los alumnos introvertidos, asegúrate de elogiarlos individualmente, no solo en grupos en los que la atención pueda anular el impacto positivo de las palabras.

La disciplina y la estructura del aula es otra área importante de consideración para los profesores de alumnos introvertidos. Como dije anteriormente, los introvertidos necesitan conocer las expectativas y poder apoyarse en una estructura y unas rutinas. Sin embargo, se acobardarán cuando el ambiente de aprendizaje sea negativo. No responden bien a las voces fuertes o intensas, ni tampoco a la corrección pública. El niño introvertido experimenta todo esto como una humillación, algo para lo que no tiene mucha tolerancia. En lugar de eso, deja las correcciones para los momentos privados con tus alumnos. Controla tu estado emocional para asegurarte de que no estás haciendo que el aula sea demasiado dura o intensa sin querer. Mantén un ambiente lo más tranquilo posible.

Finalmente, fíjate en la variedad de alumnos que tienes. ¿Hay alguno que domine las conversaciones o que se involucre en agresiones relacionales? ¿Otros estudiantes se retraen y se retiran en tu clase? Estos podrían ser indicadores de que el aula no es tan acogedora como crees. Utiliza estos tipos de pistas de comportamiento como indicadores de la necesidad de equilibrio y busca maneras de satisfacer con más firmeza las necesidades de toda tu clase. Esto hará que el aula sea un lugar acogedor para todos los alumnos. Consulta la hoja de consejos n.º 23 (página 218) para conocer las formas de mantener un ambiente propicio para el aprendizaje de todos los alumnos en tu aula.

DINÁMICA SOCIAL.
PREGUNTAS Y RESPUESTAS

Una de las áreas sobre las que los padres expresan regularmente su preocupación está relacionada con el desarrollo social: «¿Tiene mi hijo suficientes amigos? ¿Será capaz de funcionar en el mundo?». Estas son preguntas que parecen estar en la vanguardia de los pensamientos de la mayoría de los padres.

En los talleres y en los grupos de discusión en línea recopilé varias de estas preguntas y las condensé en las cinco que se enumeran a continuación. Espero que proporcionen información adicional sobre las maneras específicas en que podemos fomentar el desarrollo social de los niños introvertidos.

Parece que mi hija nunca tiene amigos. ¿Eso les pasa a la mayoría de los introvertidos?

Los padres a menudo se preocupan por el número de amigos que tienen sus hijos y la frecuencia con la que interactúan con sus amigos. Es un área natural de preocupación. No obstante, es importante reconocer que muchos niños introvertidos necesitan «tiempo a solas» más que tiempo de interacción con sus amigos. Después de estar con grupos de personas durante seis o siete horas diarias en la escuela, es posible que necesiten tiempo para renovarse en soledad. No confundas esta retirada con no tener amigos. La mayoría de las veces los niños introvertidos tienen amigos íntimos en los que pueden confiar. Los introvertidos se dedican a construir relaciones estrechas, por lo que las amistades que forjan suelen ser muy profundas. Pero después de un día ocupado, o una semana difícil, pueden decidir pasar unos días en soledad. No hay nada de qué alarmarse.

Pregúntale a tu hijo sobre sus amigos. Presta atención a los nombres que mencione cuando cuente su día. Hay muchas probabilidades de que tenga al menos un amigo cercano.

HOJA DE CONSEJOS N.º 23

Un aula estimulante

- Crea un ambiente seguro que fomente la asunción de riesgos académicos.
- Conoce el temperamento de tus alumnos.
- Forja conexiones con los estudiantes.
- Concéntrate primero en el proceso, luego en el dominio.
- Sé coherente con las expectativas y el manejo de la conducta.
- Da frecuente *feedback* basado en el rendimiento.
- Afronta la intimidación y la agresión rápidamente.

¿Cómo pueden los introvertidos y los extrovertidos llegar a entenderse y relacionarse?

Los introvertidos y los extrovertidos a veces tienen dificultades para interactuar, porque se malinterpretan mutuamente. Encontrar un terreno común puede ser difícil. Pero, en realidad, cada uno ofrece algo que el otro necesita. Los introvertidos ofrecen a sus compañeros extrovertidos la oportunidad de desarrollar una relación profunda, así como un ejemplo de cómo desacelerar y contemplar más la vida. Los extrovertidos ofrecen a los introvertidos nuevas oportunidades de actuación. Al no sentirse cómodos con el estancamiento, los extrovertidos enseñan a los introvertidos a pensar menos, a liberarse de sus preocupaciones y a disfrutar de la vida.

Para que los introvertidos y los extrovertidos puedan cosechar los beneficios de una relación mutua, es importante que ambos temperamentos se entiendan entre sí y que entiendan, entre otras cosas, las malinterpretaciones que pueden surgir entre ellos. Al hacer esto, pueden ir tomando conciencia de las necesidades de cada uno y forjar amistades beneficiosas. Como padres, estáis en una magnífica posición para poder enseñar tanto a los introvertidos como a los extrovertidos a que aprendan los unos de los otros y a tener cuidado en las primeras etapas de sus relaciones, guiándolos hacia una comprensión mutua.

¿Cómo puedo ayudar a otros a entender que mi hijo introvertido no es «solo tímido», sino que realmente «ve» el mundo de manera diferente?

Al igual que las preguntas anteriores sobre la introversión, esta pregunta en realidad se refiere a la necesidad de ayudar a otros a entender los matices de su temperamento en concreto. Las figuras y listas presentadas en la primera parte pueden servir de ayuda para que los padres puedan identificar los rasgos de la introversión y proporcionar la información necesaria para explicar las características de la introversión a los demás. Recordar a los miembros de la familia y a otros que la timidez es un comportamiento que se puede moldear, mientras que la introversión guarda relación con el funcionamiento del cerebro, es una excelente manera de explicar la base del temperamento.

Has mencionado las habilidades «extrovertidas» que realmente ayudan a los niños introvertidos. ¿Puedes decirme un poco más sobre estas habilidades y cómo ayudar a mi hijo?

Todos, especialmente los introvertidos, necesitan habilidades de competencia social —sentirse cómodos dentro de un ambiente social y conversar con diferentes tipos de personas—. Los extrovertidos pueden hacer esto naturalmente, alimentándose de la energía colectiva del grupo. Los introvertidos, sin embargo, encuentran estos lugares sociales agotadores en el mejor de los casos; a menudo deben luchar por iniciar conversaciones casuales dentro de un grupo o cualquier conversación.

Los padres de niños introvertidos pueden enseñarles cómo satisfacer sus necesidades e interactuar en un grupo a una edad temprana. Anímalos a pedir su propia comida en un restaurante, por ejemplo. O ayúdalos a tolerar las actividades de grupo dándoles la oportunidad de reunirse con amigos para una noche de juegos o de manualidades.

Es importante que los padres tengan cuidado de no sobrestimular a sus hijos introvertidos tratando de desarrollar estas habilidades demasiado rápido. La mayoría de los niños introvertidos tendrán dificultades tanto para iniciar conversaciones como para participar en grupos. Enséñales a monitorizar sus niveles de energía para prevenir el agotamiento y háblales abiertamente sobre los puntos fuertes y débiles de la introversión. Todo esto te ayudará a criar niños bien equilibrados, capaces de funcionar en las diversas situaciones sociales.

Como educadora, veo que mis alumnos introvertidos tienen dificultades en el patio de recreo. ¿Qué puedo hacer para ayudarlos con sus competencias sociales?

Como en todas las áreas de la educación, creo que el equilibrio es la clave en relación con los niños introvertidos. Es importante que tengan la oportunidad de renovarse en la escuela, al mismo tiempo que desarrollan sus habilidades sociales. En lugar de permitir que se retiren completamente de las dinámicas sociales, dales la oportunidad de descansar del recreo, como poder ir a la biblioteca o a un aula, pero anímalos a que estén acompañados de uno o dos amigos. De esta manera, los introvertidos pueden desarrollar competencias sociales al mismo tiempo que obtienen el descanso que necesitan. Tomarse tiempo para buscar soluciones creativas a algunos de los problemas a los que se enfrentan los niños introvertidos permite a los educadores encontrar la solución ideal que los beneficie en todas sus necesidades.

EN RESUMEN...

Las ideas importantes

- Los introvertidos tienen capacidad para desarrollar fuertes habilidades sociales.
- Los introvertidos se centran en unas pocas relaciones sociales estrechas más que en muchas amistades.
- A menudo los introvertidos son malinterpretados por la cultura dominante y normalmente vistos como tímidos, distantes o socialmente ineptos.
- Aprender algunas habilidades sociales de supervivencia puede ayudar a los introvertidos a superar las percepciones erróneas. Estas habilidades incluyen aprender a destacar entre la multitud, el arte de las conversaciones y trabajar en colaboración.
- A los introvertidos les agota el contacto social. Es importante que aprendan qué es lo que les quita más energía.
- Los padres pueden desempeñar un papel fundamental en ayudar a los niños introvertidos a equilibrar sus necesidades derivadas de su introversión y su necesidad de relacionarse socialmente.

Complementos

- Hoja de consejos n.º 21. Cómo renovarse a lo largo del día, página 209.
- Hoja de consejos n.º 22. Expresarte y conseguir que se satisfagan tus necesidades, página 211.
- Figura 7. Habilidades de competencia social revisadas, página 213.
- Hoja de consejos n.º 23. Un aula estimulante, página 218.

14

CÓMO MOVERSE POR LOS CAMPOS DE MINAS

Sí, se metían conmigo porque soy muy callado. Lo pasaba
fatal. La mayoría de la gente no me entiende.

Daniel, 8 años

Los espacios sociales pueden ser difíciles para cualquier niño, especialmente para aquellos que son reservados y cautelosos, como los introvertidos. Este capítulo recoge parte de la información comentada en el capítulo anterior y profundiza en los aspectos más difíciles de las dinámicas sociales, como pueden ser la resolución de conflictos, el acoso (físico y relacional) y el manejo de la ira.

A los introvertidos les agotan las reacciones emocionales intensas, tanto las propias como las de los demás. Frente a la sobrecarga sensorial que puede provenir de las interacciones sociales, muchos introvertidos se sienten desbordados. Como ya he comentado, esto puede provocar una mayor agitación, a medida que el niño introvertido se esfuerza arduamente por recuperar una sensación de equilibrio. A este escenario se añade la intensidad de las emociones que a menudo acompañan a los conflictos sociales y situaciones similares, y los niños se ven presionados hasta el límite, lo cual se traduce en explosiones de comportamiento.

Ayudar al introvertido a desarrollar las habilidades sociales necesarias para desenvolverse en situaciones sociales difíciles, así como a entender las diferencias entre su forma de reaccionar ante el conflicto y la de sus compañeros extrovertidos, es clave para reducir la probabilidad de estallidos emocionales.

Los introvertidos están predispuestos a buscar la calma. Arraigados en su propia maquinaria interna, esta necesidad de comprensión y paz hace que la mayoría se alejen del conflicto. A medida que sus niveles de estrés y las demandas de atención social aumentan, tienden a retirarse emocionalmente de la agitación social.

Los extrovertidos, por otro lado, se involucran. Su reacción natural de luchar o huir hace efecto, y los empuja hacia una respuesta casi agresiva al estrés y al conflicto. La necesidad del extrovertido de participar y la del introvertido de retirarse son fuerzas opuestas y a menudo pueden dar lugar a un desequilibrio en los intercambios sociales, que puede llegar a convertirse en arrebatos explosivos. Incluso cuando los introvertidos están en conflicto con otros introvertidos, la intensidad de sus emociones puede crear una disonancia que aumenta tanto el estrés como la frustración, lo que resulta en intercambios conductuales negativos.

¿Cómo pueden los padres ayudar a reorientar este comportamiento y enseñar a los introvertidos las habilidades necesarias para desenvolverse mejor ante las dificultades sociales normales que pueden presentarse en cualquier relación? Lo primero es tratar de que entiendan la naturaleza de sus emociones, que reconozcan qué tipos de emociones intensas los afectan y cómo. Comprender el impacto que las emociones de otras personas tienen en vuestros hijos puede ayudarlos a ellos y también a vosotros a desarrollar estrategias para procesar esas emociones sin reaccionar ante ellas.

HOJA DE CONSEJOS N.º 24

Lo más básico en la resolución de problemas

- Mantener la calma.
- Expresar el problema en términos de cómo te sientes tú: «Me da la impresión de que...».
- Darle la oportunidad a la otra persona de que exprese su punto de vista.
- Evitar culpar o avergonzar a los demás.
- Pensar entre todos cómo solucionar el problema.
- Decidir cómo solucionarlo y plantear los pasos que se deben seguir.
- Dar las gracias a la otra persona por colaborar en resolver el problema.

Vamos a analizar un ejemplo: una madre introvertida de dos niñas extrovertidas se ve continuamente agotada por su trabajo en una empresa de tecnología que está en un momento de gran crecimiento. Llega a casa, ya agotada, y se encuentra con que sus dos hijas están en medio de una acalorada discusión. Ante la intensidad de las emociones del momento, no es capaz de procesar lo que está ocurriendo y reacciona gritándoles a las niñas, con lo que echa más leña al fuego y empeora el incidente, que acaba convirtiéndose en una especie de tercera guerra mundial.

¿Te suena familiar? Casi todos los padres con los que hablo se identifican con este ejemplo de una forma u otra. La verdad es que la mayor parte del drama podría haberse evitado con unas pocas intervenciones: tiempo para que la madre se recupere antes de que regrese a casa, desprendimiento emocional durante la discusión y un poco de tiempo libre para cada una.

Una vez que tus hijos introvertidos hayan conseguido darse cuenta de qué situaciones constituyen para ellos trampas emocionales, ayúdalos a practicar las estrategias para combatir el estrés que propongo en el capítulo siete. La mejor manera de evitar la mayoría de los conflictos es aprender a recuperar la calma antes que nada.

Sin embargo, hay veces en que los conflictos ocurren a pesar de los mejores esfuerzos de los niños por evitarlos. Cuando esto sucede, es importante que entiendan cómo desenvolverse a través del conflicto sin agotarse. Enséñales a escuchar a los demás, a aplicar técnicas creativas de resolución de problemas y a comprometerse. Estos principios básicos de la resolución de problemas y la gestión de conflictos pueden resolver situaciones sociales difíciles. La hoja de consejos n.º 24 repasa los conceptos básicos de la resolución de problemas, que es algo que un niño introvertido necesita aprender. A veces las situaciones complicadas se intensifican más rápido de lo que el niño puede resolver el problema. En esos momentos, la ira y otras emociones negativas pueden escapar de su control. Es importante que tu hijo cuente con algunas estrategias para calmarse y disipar la ira. Enseñarle las estrategias enumeradas en la hoja de consejos n.º 25 (página 228) y practicarlas con frecuencia puede ayudarlo a evitar enfados y conflictos entre amigos.

Proporcionar a tus hijos las herramientas específicas para hacer frente al enfado así como hacer que entiendan que es normal que surjan emociones intensas cuando se está con otras personas es una buena manera de ayudarlos a comprender las dinámicas sociales.

La ira y la agresión a menudo van de la mano. La ira es una emoción, y la agresión suele ser la acción correspondiente. La agresión se suele definir como una acción contundente concebida para dominar a otro. Es uno de los componentes típicos del acoso, uno de los problemas sociales más difíciles que afectan a los centros escolares.

Los bravucones pueden ser extrovertidos o introvertidos. Muestran comportamientos de tipo agresivo y acosador que buscan dominar a una víctima. La mayoría de las intimidaciones son verbales, como las burlas y los cotilleos tanto en el colegio como en Internet. Otras formas de intimidación incluyen la relacional, cuando la agresión consiste en aislar a alguien o hacerle el vacío, y la física, que consiste en agresión personal o daño a la propiedad. Los intimidadores victimizan indiscriminadamente, lo que significa que cualquiera es una víctima potencial. Y todas las formas de intimidación tienen el poder de infligir un daño significativo, ya que socavan la autoestima y los sentimientos de seguridad de las víctimas.

Enseñar a tus hijos introvertidos cómo lidiar con un intimidador es complicado. Como ya mencioné, la reacción de la mayoría de los introvertidos ante la agresión y el conflicto es retirarse. Les cuesta creer que la gente pueda ser tan cruel. Es importante que sepan que hay personas que no siempre actúan de manera justa o bondadosa y enseñarles a manejar la situación ante los bravucones.

HOJA DE CONSEJOS N.º 25

Cómo disipar la ira

- Aprende a reconocer lo que desencadena tus emociones.
- Respira hondo y aquieta tus pensamientos.
- Cuenta hasta diez.
- Aléjate.
- Encuentra a una persona de confianza con quien puedas desahogarte cuando estés enfadado.

Igual de importante que entender lo que es un acosador es que los niños introvertidos entiendan lo que no es un acosador. Las fuerzas del orden suelen definir el acoso como actos de dominación, en los que el perpetrador trata de ejercer control sobre la víctima y esta se siente impotente. Esto va más allá de las dificultades sociales típicas que los niños pueden experimentar; más allá de las burlas en los patios de las escuelas y más allá de un simple conflicto entre compañeros. La intimidación implica intención, agresión y dominación.

Echa un vistazo a la hoja de consejos n.º 26 (página 229) y aplica las estrategias para ayudar a que el niño aprenda qué hacer cuando se enfrenta a un intimidador. Es importante que los niños introvertidos entiendan por qué es necesario que comuniquen que están siendo acosados, cuando esto ocurra. Hay que enseñarles cómo y cuándo intervenir. El acoso solo continúa si se mantiene en silencio. Cuando actuamos y no nos dejamos dominar por la vergüenza que sentimos, ya sea como víctimas o como testigos de actos del acoso, es cuando podemos recuperar la sensación de seguridad y control sobre la situación.

HOJA DE CONSEJOS N.º 26

Cómo manejarse ante el acosador

- Primero, déjale claro a tu hijo lo que es un acosador y lo que no lo es.
- Determina si la escuela tiene una manera anónima de informar sobre la intimidación. En caso afirmativo, dale permiso a tu hijo para que use ese formato. En caso contrario:
  - * Decide cuándo es el mejor momento para hablar con la administración de la escuela.
  - * Anima a tu hijo a que informe sobre los incidentes de acoso.
- Si tu hijo es víctima del acoso escolar, es muy importante que dediques tiempo a enseñarle cómo superar el impacto negativo del acosador.

A lo largo de este libro te he ido dando consejos para enseñar a los niños introvertidos a manejar el estrés, mejorar sus estrategias generales para sobrellevar las situaciones difíciles y desarrollar su fuerza emocional y su capacidad de recuperación. Estas mismas estrategias pueden ayudarlos a recuperarse si son víctimas de actos de agresión o intimidación. Recuérdales a tus hijos que pueden superar los sentimientos negativos de dolor y vergüenza, y que todo se va a solucionar. Tanto tú como ellos sois capaces de recuperar la sensación de seguridad que hayáis perdido. Solo necesitáis colaborar para conseguirlo. Y tenéis que aprender lo que significa intimidar. Es importante que te asegures de que tus hijos no se involucren en conductas intimidatorias. Enséñales con quién tienen que hablar si alguien los acosa o intimida, o si son testigos de actos de intimidación hacia otras personas. Al tomar medidas, tanto tú como tu hijo podéis detener el impacto negativo del acosador.

Este capítulo ha tratado sobre las dificultades de los niños introvertidos en las relaciones sociales y las posibles formas de resolverlas que les pueden ayudar a superar los momentos difíciles. La mejor manera de ayudar a tu hijo a manejar los aspectos difíciles de las relaciones es enfocarse en las habilidades para sobrellevar la situación, resolver problemas y afrontar emociones intensas.

NOTAS DE CLASE: CÓMO EDUCAR EN LA TOLERANCIA EN LOS COLEGIOS

Gran parte de los problemas de comportamiento en los centros escolares son la intimidación y las malas interacciones sociales. Existe una laguna en la enseñanza explícita de habilidades sociales que tanto los extrovertidos como los introvertidos necesitan para manejar sus conductas e interactuar con los demás de manera adecuada, una carencia que el uso de las PBIS ya mencionadas en capítulos anteriores podría solventar.

Los educadores pueden crear ambientes seguros en el aula para promover comportamientos que favorezcan la sociabilidad enseñando a ser tolerantes. Esto se puede hacer a través de jornadas de conciencia cultural, caminatas culturales y todo lo que suponga la aceptación de la diversidad. Aumentar la conciencia de las culturas, así como romper los estereotipos típicos, ayuda a los niños a aumentar su tolerancia hacia aquellos que son diferentes de alguna manera. Es importante educar en la realidad de la diversidad socioeconómica y cultural existente. La hoja de consejos n.º 27 esboza formas de enseñar tolerancia en el aula, algo que tiene una importancia crítica en el mundo multicultural de hoy.

Las caminatas culturales, impartir una formación sensibilizadora y hacer un trabajo de concienciación sobre la diversidad, junto con el desarrollo de programas contra la intimidación, contribuirán a que los centros escolares sean lugares seguros para todo tipo de alumnos. ¿Por qué no probar algunas de estas estrategias en tu centro escolar?

HOJA DE CONSEJOS N.º 27

Cómo desarrollar la tolerancia

- Lo primero es conseguir crear un ambiente de seguridad y confianza en el aula.
- Abrirse a la diversidad y a la sensibilización cultural.
- Incorporar en el plan de estudios la formación en sensibilidad y las caminatas culturales.
- Enseñar comportamientos prosociales a los alumnos.
- Evitar los prejuicios y los estereotipos.

DILEMAS SOCIALES.
PREGUNTAS Y RESPUESTAS

Además del desarrollo social, a muchos padres les preocupa la intimidación, la resolución de conflictos y el control de la ira. Las preguntas que siguen se centran en las dificultades de los niños introvertidos al manejar sus emociones y hacer frente a los acosadores y otros dilemas sociales.

Mi hijo tiende a aguantar mucho de sus amigos y de repente estalla. Como resultado, a menudo es él quien se mete en problemas a pesar de que su comportamiento es el resultado de una gran cantidad de frustración acumulada. ¿Cómo podemos nosotros, como padres, ayudarlo en estas situaciones?

Los introvertidos suelen tener mucho aguante e interiorizan sus frustraciones en lugar de enfrentarse a ellas abiertamente como hacen la mayoría de los extrovertidos. Como resultado, a menudo no parece que los demás los molestan hasta que toda su frustración los hace estallar. La mejor manera de ayudar a los introvertidos a regular sus respuestas emocionales con más equilibrio es hacerlos más conscientes de lo que les molesta, enseñarles a expresar sus necesidades de manera socialmente apropiada y enseñarles a responder cuando están sobrecargados. Una forma de manejar esto es a través del desarrollo de un vocabulario emocional, o que expresen de algún modo sus emociones. Al aprender a hablar sobre las emociones, a saber qué términos utilizar y cuándo hacerlo, los niños introvertidos pueden empezar a aprender a expresarse cuando están sobrecargados. Echa un vistazo a la hoja de consejos n.º 28 (página 233); en ella encontrarás estrategias rápidas para enseñar un vocabulario emocional a los niños. Otra manera de ayudar a un niño introvertido a manejar sus emociones es mostrarle cómo escribir un diario o usar estrategias similares para mantenerse en contacto con sus propias emociones. El mejor favor que puedes hacerle a tu hijo introvertido es enseñarle a regular sus emociones antes de llegar al punto de saturación.

HOJA DE CONSEJOS N.º 28

Cómo desarrollar un vocabulario sobre las emociones

- Colabora con tu hijo para definir sus emociones en términos de cómo se ve el comportamiento.
- Piensa en una palabra para describir cada emoción.
- Define el significado de cada palabra.
- Utiliza estas palabras como señal cuando el niño no pueda hablar de sus emociones.
- Anima a tu hijo a hablar abiertamente de sus emociones.

¿Qué estrategias debo enseñarle a mi hijo para ayudarlo en sus interacciones sociales, especialmente cuando hay conflictos?

La mayoría de los niños introvertidos evitan los conflictos como a la peste. Al no querer interrumpir a los demás cuando hablan o arriesgarse a la humillación por medio de la confrontación, a menudo terminan sin decir nada y se guardan los problemas en lugar de buscar una solución al conflicto. Afortunadamente, hay muchas cosas que los padres pueden hacer para ayudar a los introvertidos mientras aprenden a resolver problemas en situaciones sociales.

Primero, recuérdale a tu hijo que los conflictos nunca deben tratarse cuando todo el mundo está enfadado. Enséñale a hacer una pausa y a calmarse antes de discutir los problemas. Finalmente, repasa los consejos para la resolución de conflictos y problemas que se ofrecen a lo largo del capítulo. Utiliza estas estrategias con él para enseñarle cómo moverse a través de los momentos sociales difíciles.

Yo quiero que mi hija tenga más amigos. ¿Hago mal?

Al igual que algunas de las inquietudes expuestas en el capítulo anterior, esta pregunta habla de la preocupación primordial que muchos padres tienen por la amistad y el número de amigos de sus hijos. Que te preocupes por la vida social de tu hija es normal. Nosotros, como padres, siempre queremos que nuestros hijos desarrollen amistades fuertes en las que apoyarse a lo largo de sus vidas. Sin embargo, concentrarse en el número de amigos que alguien adquiere es, en mi opinión, una preocupación equivocada, que a menudo se da cuando los padres extrovertidos tienen hijos introvertidos.

Los extrovertidos suelen entablar muchas amistades. No todas estas relaciones son profundas, pero para ellos, funcionan. Los introvertidos, en cambio, no desarrollan un número significativo de amistades. Tienden a forjar una o dos amistades en un momento dado y se centran en la profundidad de la relación y no en el número.

Un estilo de desarrollo de la amistad no es mejor que el otro. Lo importante es si las relaciones satisfacen o no las necesidades del niño. En lo que tenemos que fijarnos los padres es en si las relaciones de nuestros hijos son firmes y significativas.

Parece que algunas culturas no perciben la introversión como algo malo. ¿Es cierto?

Sí, muchas culturas orientales, sobre todo las asiáticas, encuentran de mal gusto las cualidades de la extroversión que tanto celebran las culturas occidentales. En esas culturas, ser reservado, callado y tranquilo son cualidades que se valoran mucho. Esta diferencia en los ideales debe servirnos para recordar que, aunque las cualidades de cada temperamento vienen determinadas de nacimiento, el hecho de que esas cualidades se valoren o no es algo que está relacionado con la cultura.

Hoy en día, la intimidación en los centros escolares es importante. ¿Son los alumnos introvertidos más frecuentemente el blanco de estos comportamientos que los alumnos extrovertidos? ¿Hay algo que yo pueda hacer, como profesor, para reducir esto?

La mayoría de los investigadores están de acuerdo en que la intimidación es indiscriminada en lo que se refiere a las víctimas. No sigue patrones étnicos, económicos ni culturales.

Cualquiera puede ser víctima del acoso. La clave para prevenirlo es enfocarse en intervenciones y apoyos positivos en cuanto al comportamiento y establecer ambientes seguros para los niños. Hay que fijarse en los alumnos que no parecen tener amigos, los que muestran cambios repentinos de comportamiento y los que de repente evitan a otros compañeros. Estos podrían ser indicadores de intimidación y deben ser abordados. Además, hay que enseñar a los niños a denunciar el comportamiento intimidatorio que puedan presenciar o experimentar. Los niños necesitan saber específicamente cómo actuar ante el acoso escolar.

EN RESUMEN...

Las ideas más importantes

- Las emociones intensas suponen grandes pérdidas de energía para los introvertidos.
- Los introvertidos se sienten fácilmente humillados en situaciones sociales intensas.
- El aprendizaje de las habilidades de manejo de conflictos y de resolución creativa de problemas es importante para los introvertidos a la hora de desenvolverse ante las dificultades sociales.
- Desarrollar un vocabulario emocional, así como aprender a escribir un diario, permite a los introvertidos hablar sobre sus sentimientos.
- La intimidación es un problema para todas las personas. Los introvertidos, en particular, pueden tener dificultades para saber cómo enfrentarse a un bravucón.
- Aprender a establecer y mantener los límites es muy importante.
- La tolerancia es la clave para crear entornos seguros para todos los niños, incluidos los introvertidos.

Complementos

- Hoja de consejos n.º 24. Lo más básico en la resolución de problemas, página 225.
- Hoja de consejos n.º 25. Cómo disipar la ira, página 228.
- Hoja de consejos n.º 26. Cómo manejarse ante el acosador, página 229.
- Hoja de consejos n.º 27. Cómo desarrollar la tolerancia, página 231.
- Hoja de consejos n.º 28. Cómo desarrollar un vocabulario sobre las emociones, página 233.

15

LA CREATIVIDAD, LA TECNOLOGÍA Y EL DESARROLLO DE LOS PUNTOS FUERTES

> El día que mis padres me dejaron tener un teléfono que me permitía mandar y recibir mensajes de texto fue el día en que sentí que finalmente podría conectarme los demás. Es mucho más fácil enviar mensajes de texto que llamar a alguien por teléfono.
>
> **Amani, 14 años**

He dedicado la mayor parte del libro a hablar sobre las maneras en que los introvertidos pueden fortalecer su comprensión de la introversión, desarrollar los aspectos positivos de su temperamento y minimizar los posibles inconvenientes del mismo. Esta es la base para la autosuficiencia y el empoderamiento.

El desarrollo de una auténtica autosuficiencia requiere una base de comprensión personal y el desarrollo de la capacidad de recuperación. Varios capítulos y estrategias nos han dado una idea de cómo los padres pueden ayudar a fomentar esto en sus hijos. El desarrollo de una fuerte autoeficacia, el dominio de competencias sociales específicas en el terreno de las interacciones sociales y el aprendizaje del control emocional contribuyen al desarrollo de un sentido saludable de sí mismo. Además, explorar los intereses que se basan en las cualidades de la introversión puede fomentar tanto la autosuficiencia como la autorrealización.

La creatividad es un área natural de competencia para la mayoría de las personas introvertidas. Estoy usando el término *creatividad* en sentido amplio en este contexto, yendo más allá de las artes y los esfuerzos artísticos. Me refiero a la creatividad definida como la capacidad de superar ideas y pensamientos tradicionales y crear algo nuevo construido a partir de lo antiguo, es decir, a innovar.

La creatividad puede aplicarse a cualquier contenido o área temática, y se refiere al proceso por el cual se genera algo nuevo. La autora Julia Cameron (1992) se refirió al proceso creativo como una fuerza natural, que requiere períodos de soledad, quietud y reflexión. ¿Te suena a algún tipo de temperamento en particular que conozcamos? Los introvertidos están especialmente dotados para la creatividad. De hecho, opino que todos los introvertidos requieren disponer de oportunidades para la contemplación creativa a fin de mantenerse equilibrados. Esta creatividad puede canalizarse a través de una actividad escolar o a través de la participación extracurricular. En cualquier caso, los introvertidos necesitan tiempo para reflexionar creativamente, tanto como requieren oportunidades para la soledad en general. La hoja de consejos n.º 29 (página 240) explora formas tradicionales y no tradicionales de incluir la creatividad en la vida del niño introvertido.

Fomentar la creatividad no requiere más que una mente curiosa. Pregúntale a tu hijo sobre el mundo y sobre cómo funcionan las cosas. Anímalo a que profundice en sus áreas de interés. Esto no será difícil para el introvertido, ya que es una función natural de su forma de ser. Mis hijas y sus amigos son un gran ejemplo de esto. Educados para que acepten sus mentes naturalmente creativas, infunden creatividad en todo, desde inventar juegos de palabras de camino a la escuela hasta encontrar soluciones creativas para hacer malabarismos con las tareas y las actividades extra.

En los primeros capítulos hablé de cómo el introvertido necesita estructura y rutinas. No obstante, aunque es cierto que ambas fomentan un sentimiento de seguridad en el niño, también pueden sofocar los esfuerzos creativos. Prueba a introducir períodos de tiempo no programados en los que el niño pueda explorar y crear. Esto equilibrará la necesidad de seguridad y la libertad y el espacio necesarios para la creación.

Y, hablando de creación e innovación, aún no he comentado el impacto de la tecnología en los niños introvertidos. Más que cualquier otra herramienta que puede mejorar la creatividad y el «tiempo de juego», nuestro mundo moderno también le ha proporcionado a nuestra población introvertida una especie de amortiguador contra la energía emocional que a menudo acompaña a grandes grupos de personas o a los extrovertidos más activos.

Tecnologías tales como las redes sociales y los mensajes de texto han permitido que las personas introvertidas se conecten más que nunca. Sin la constante fuga de energía que se produce en los encuentros cara a cara, estas versiones digitales de la conexión permiten que el niño introvertido se muestre más «extrovertido», al gestionar múltiples relaciones, conectarse con mayor frecuencia y aumentar las conexiones en dominios sociales que antes no se habían explorado.

HOJA DE CONSEJOS N.º 29

Cómo fomentar la creatividad

Los niños introvertidos son particularmente hábiles en actividades creativas en una multitud de campos. Añadir oportunidades para la expresión creativa a lo largo del día es una gran manera de animarlos a cultivar este punto fuerte. La siguiente lista incluye actividades diarias concebidas para mejorar la creatividad:

- Procura que tu hijo lea algo nuevo o poco familiar, como un libro de un nuevo género o sobre un tema inexplorado, todos los días.
- Plantea a menudo la pregunta: «¿Y qué más?».
- Pídele a tu hijo que invente cinco maneras nuevas de usar objetos familiares cada día.
- Juega a menudo a juegos de palabras y rompecabezas creativos.
- Confecciona una caja de «creación» llena de materiales de arte, tubos de rollos de papel y otros objetos. Sácala siempre que tu hijo necesite hacer algo. La caja puede proporcionar entretenimiento más allá de los videojuegos y programas de televisión familiares.
- La próxima vez que tu hijo quiera un juego nuevo, dile que se lo fabrique.
- Busca maneras de que tu hijo sea creativo todos los días.

Tómate un momento para considerar las actividades digitales y la tecnología con las que tu hijo interactúa diariamente. La hoja de trabajo n.º 8 (página 242) destaca solo algunos de los sitios de redes sociales y tipos de tecnología que muchos niños utilizan regularmente. Usa las líneas en blanco de la tabla para añadir otros que utilicen tus hijos.

Las redes sociales y el uso de la tecnología son beneficiosos en su mayor parte, ya que permiten que los introvertidos se conecten de nuevas maneras. Sin embargo, los medios de comunicación social tienen sus desventajas, entre ellas el hecho de que son altamente adictivos. Los psicólogos están empezando a estudiar el impacto de las redes sociales, pero las primeras investigaciones sugieren que pueden ser más adictivas que el consumo de alcohol o drogas (Chou, Condron y Belland, 2005). Para los introvertidos, en particular, la repentina capacidad de conectarse ampliamente a nivel social sin interactuar cara a cara ni sufrir desgastes energéticos puede terminar siendo abrumadora, ya que se presta aún menos atención a su necesidad de soledad.

Para saber si los medios sociales y la tecnología se han convertido o no en un «problema» para tu hijo, mira de nuevo la hoja de trabajo n.º 8 (página 242). Empieza a llevar un registro del número de horas que tu hijo pasa interactuando en línea, así como de la cantidad de mensajes de texto y cuándo se produce esto. ¿Qué es lo que notas? ¿Dedica tu hijo mucho más tiempo a las relaciones en línea que a las interacciones cara a cara? ¿Interfiere la tecnología en su funcionamiento diario y su sueño? Estos podrían ser indicadores de que el equilibrio es necesario.

La hoja de consejos n.º 30 (página 244) ofrece algunas sugerencias para ayudar a tu niño introvertido, o a cualquier niño, a equilibrar su uso de la tecnología.

Ninguna exposición sobre tecnología e Internet estaría completa si no se hiciese mención al tema de la seguridad. Enseñar a tu hijo a estar seguro en línea no significa restringir completamente su acceso a la tecnología. Como mencioné anteriormente, hay un número significativo de beneficios positivos que se pueden obtener cuando los niños introvertidos tienen acceso a la tecnología y la utilizan. Y, nos guste o no, vivimos en una era digital. Los niños van a utilizar la tecnología. La clave es enseñarles —y enseñarnos— a hacerlo de manera segura.

HOJA DE TRABAJO N.º 8

Tecnología para los introvertidos

Dedica un momento a completar esta tabla, indicando los tipos de tecnología que utiliza tu hijo, por qué la utiliza y con qué frecuencia lo hace.

TIPO DE TECNOLOGÍA	PROPÓSITO	TIEMPO DE USO
Ordenador		
iPod		
Tablet		
Teléfono móvil		
Correo electrónico		
Mensajes de texto		
Redes sociales online		

La seguridad en la era digital comienza con una pequeña verificación sobre la privacidad. En el momento en que alguien pone información en Internet, está sujeto a posibles robos. Además, lo que dices *online* no se puede eliminar, incluso cuando borras las palabras. Enseñar a los niños esta realidad es vital a medida que empiezan a usar Internet con mayor frecuencia. Infórmate sobre la configuración de prioridades en las páginas web. Conoce las contraseñas de tus hijos. Enséñales a cambiarlas frecuentemente. Todas estas medidas ayudarán a mantenerlos seguros.

La privacidad no es la única preocupación que hay que tener. Las relaciones no son las mismas en Internet que las que se mantienen cara a cara. La gente puede mentir y engañar, representándose a sí misma como algo que no es. A medida que los introvertidos comienzan a conectarse a Internet, es importante que entiendan esto y sean cautelosos. Y no digo esto para disuadir a nadie de permitir, o incluso fomentar, la comunicación por Internet, sino simplemente porque es algo de lo que hay que ser consciente.

Para finalizar, sería negligente por mi parte no mencionar el tema de los mensajes de móvil al conducir. Aunque la mayoría de los padres y los niños entienden los peligros, los estudios son claros al respecto: los jóvenes continúan enviando mensajes de texto o correos electrónicos mientras conducen. Los adultos también. No seas uno de ellos. Enseña a tus hijos a guardar el teléfono mientras conducen. Practica hábitos seguros. Es la única manera de evitar los accidentes provocados por las distracciones con el móvil.

HOJA DE CONSEJOS N.º 30

La trampa de la tecnología

* Ayuda a tu hijo a centrarse en las relaciones personales y en los medios de comunicación social.
* Apaga los ordenadores, los teléfonos móviles y las tabletas por la noche.
* «Desconecta» a la familia de Internet un día al mes.
* Nunca envíes mensajes de móvil, no chatees ni mandes mensajes de correo electrónico mientras vas conduciendo. Asegúrate de que tus hijos vean un buen ejemplo en tu comportamiento.

NOTAS DE CLASE: LA TECNOLOGÍA, QUE NOS HACE A TODOS IGUALES

Este capítulo se ha centrado en el desarrollo de los atributos positivos de la introversión, la potenciación de la creatividad y el uso de la tecnología. Lo adecuado, por tanto, era que el apartado dedicado al aula se centrara también en la tecnología. Vivimos en una época emocionante en la que la tecnología permite a nuestros alumnos participar en el plan de estudios de maneras nuevas y muy interesantes. Para el alumno introvertido, puede ser particularmente útil para proporcionarle un espacio en el que pueda desarrollar su creatividad y establecer relaciones sin que la conexión social lo estimule en exceso.

Las aplicaciones para iPads y otras tabletas, los programas informáticos como Google Docs y PowerPoint y las aplicaciones de vídeo son cada vez más comunes en el aula, lo que permite a los estudiantes introvertidos disponer de herramientas adicionales para explorar en profundidad los contenidos, así como de formas de conectarse con la materia y demostrar su dominio de la misma. Uno de los usos más creativos de la tecnología que he visto recientemente es el uso de los blogs de las aulas. Se utilizan sitios específicos para garantizar la seguridad de los alumnos en línea, a la vez que se ofrecen oportunidades para que participen en conversaciones y demuestren su aprendizaje.

Para el introvertido, los blogs y los foros pueden suponer un amortiguador contra la transferencia de energía que se da en las interacciones sociales «en persona» y una oportunidad para entablar relaciones significativas, algo con lo que desarrollan más su potencial. Los blogs y los foros permiten la expresión, el desarrollo y la colaboración en el contexto de la innovación individual, lo cual también es muy beneficioso para el alumno introvertido.

CÓMO FOMENTAR LA INDEPENDENCIA. PREGUNTAS Y RESPUESTAS

Todos los padres quieren que sus hijos crezcan fuertes y lleguen a ser adultos que se valgan por sí mismos. El desarrollo de la independencia comienza en la infancia, como resultado de nuestras experiencias a lo largo del tiempo. He escogido estas preguntas de varios de mis talleres para padres; abordan algunas de las áreas de preocupación más comunes sobre el desarrollo de la independencia y la autosuficiencia.

Muchas veces no me doy cuenta de que mi hijo tiene un problema hasta que ha alcanzado proporciones enormes: ¿cómo lo ayudamos a entender y expresar mejor sus sentimientos?

La mayoría de los introvertidos se guardan sus emociones en su interior y se niegan a hablar de lo que les preocupa hasta que estallan. Llegados a este punto, suele ser tarde para que los padres intervengan. Vuelve a leer los consejos que aparecen en el capítulo cinco, prestando atención a cómo ayudar a tu hijo introvertido a reconocer y regular sus emociones. Aprender a manejarse de esta manera es vital a medida que crece y se desarrolla. Lo ayudará a construir su inteligencia emocional y le permitirá fortalecer los atributos positivos de la introversión, incluida la reflexión sobre sí mismo.

¿Cuáles son las mejores maneras de ayudar a un introvertido a darse cuenta de lo increíble que es?

La mayoría de los padres quieren que sus hijos reconozcan sus virtudes, sobre todo en el caso de los niños introvertidos, ya que con frecuencia se concentran demasiado en sus errores, fijándose en cada paso en falso con la esperanza de no repetirlo. Refuerza las estrategias de relajación que ya he presentado anteriormente en este libro. Enseña a tus hijos introvertidos a centrarse en sus cualidades positivas, a que de vez en cuando se paren a pensar en ellas. Ayúdalos a enumerar sus puntos fuertes, si es necesario. Elogia siempre que puedas lo que hagan bien. Asegúrate de transmitirles el mensaje de que se los tiene en alta estima incondicionalmente. Todo esto reforzará la autoestima positiva de tu hijo introvertido.

Mi hija introvertida siempre se compara con su hermana ex-
trovertida. Me preocupa que su autoestima sea baja. ¿Qué
puedo hacer para ayudarla?

Las comparaciones entre hermanos son normales y no necesariamente indicativas de un problema. Recomiendo pasar
tiempo a solas con cada niño, centrándote en el desarrollo de las
relaciones individuales, así como en la dinámica de la familia en
general. De esta manera, podrás ayudar a tu hijo introvertido a
ver sus cualidades únicas. Hay que tener cuidado de no exacer-
bar la rivalidad entre hermanos haciendo comparaciones. Esto
solo sirve para provocar discordia entre los niños y para hacer
sufrir a la familia. Hay que dar lugar a que cada niño pueda ser
auténtico para que desarrolle sus propios intereses.

He oído que a los introvertidos les va mejor con la comunica-
ción asistida por tecnología (por ejemplo, mensajes de texto,
chat, IM). ¿Es esto cierto? ¿Por qué?

La investigación sobre la introversión y la tecnología se encuentra en sus primeras etapas. Sin embargo, hablando como un
adulto introvertido, puedo decirte que enviar mensajes de texto
y chatear me ha hecho pasar de ser una reclusa a ser una mariposa
social. En serio, chatear y enviar mensajes de texto en línea nos
ha permitido a mí y a mi hija introvertida relacionarnos de maneras que antes no existían, sin la típica pérdida de energía que
acompaña a las interacciones sociales en persona. Esto me permite estar con gente con mayor frecuencia y durante más tiempo. A medida que trabajo con más individuos introvertidos, este
patrón parece ser cierto también para ellos. ¿El único inconve-
niente? Todavía necesito períodos de soledad para renovarme.
Al no experimentar la constante pérdida de energía que en las
interacciones cara a cara resulta más obvia, es más probable que

me pase de mi límite y llegue tener un bajón. El equilibrio es la clave: es algo con lo que la mayoría de los introvertidos tienen dificultades cuando se trata del uso de las redes sociales.

Mi hijo es muy creativo y, además, es introvertido. Muchas veces se niega a compartir su arte con nadie, ya que dice que no es lo suficientemente bueno. ¿Cómo puedo ayudarlo a desarrollar su arte y ganar la confianza suficiente para compartirlo con los demás?

Ah, sí, la conocida trampa del perfeccionismo. Este es un problema común entre la mayoría de las personas creativas, en particular los introvertidos creativos que dedican demasiado tiempo a reflexionar sobre sus obras de arte. Atenuar la crítica interior comienza con la comprensión de cómo funciona el proceso creativo, seguida por la enseñanza de estrategias para ayudar a tu hijo a superar su perfeccionismo. No te concentres demasiado en que comparta su arte; en lugar de ello, pasa a enfocarte en que acepte a su artista interior, en que desarrolle sus habilidades y en que dome al crítico que lleva dentro. Estas estrategias pueden ayudar a tu hijo a desarrollar su talento. El resto vendrá por sí solo, a medida que su confianza vaya aumentando.

Como profesora, tengo mucho interés en fomentar la independencia de mis alumnos. ¿Hay alguna manera de hacerlo con los niños introvertidos?

Lo bueno de los alumnos introvertidos es que son muy independientes. Aun así, hay algo que puedes hacer para fortalecer su autonomía. Lo primero es crear un ambiente en el aula en el que se sientan seguros y las cosas sean previsibles. Además hay que dejarles un poco de libertad en lo relativo a cuánto quieren profundizar en el estudio de algunos temas. Los introvertidos florecen cuando se les permite estudiar contenidos de alto interés a un nivel profundo. Incorpora la creatividad en su plan de estudios y fomenta el uso de la tecnología. Todo esto promoverá la independencia y el pensamiento creativo a medida que tus alumnos introvertidos interactúan más plenamente con el plan de estudios.

EN RESUMEN...

Las ideas más importantes

* Ser auténtico es un reto para todos los niños.
* La resiliencia y la comprensión son los elementos fundamentales para la realización personal.
* La tecnología proporciona a los introvertidos mayores oportunidades para ser sociables.
* La tecnología tiene algunos riesgos para los introvertidos, como la falta de equilibrio entre las necesidades sociales y la pérdida de energía.
* Los padres y los educadores juegan un papel importante en ayudar a los niños a aceptar su interioridad.
* Los contextos creativos son buenas salidas para los introvertidos a medida que descubren su propia voz.

Complementos

* Hoja de consejos n.º 29. Cómo fomentar la creatividad, página 240.
* Hoja de trabajo n.º 8. Tecnología para los introvertidos, página 242.
* Hoja de consejos n.º 30. La trampa de la tecnología, página 244.

16

Con sus propias palabras
CÓMO PASAR DE LA VERGÜENZA A SENTIRSE SEGURO DE SÍ MISMO

He tenido la satisfacción de trabajar con muchos niños a lo largo de mis años de docencia y en el contexto de mis talleres de capacitación. A veces incluso disfruto del lujo de poder trabajar con algunos a lo largo de unos cuantos años.

Hace unos seis años, conocí a una niña que tenía grandes dificultades en el colegio, lo que le provocaba muchos estallidos emocionales y renuencia a asistir. Pude trabajar con ella intermitentemente durante dos años. Trabajamos en la comprensión del temperamento y en el desarrollo de la resiliencia. Al final del segundo año, la niña asistía a la escuela regularmente sin los arrebatos emocionales que antes experimentaba. En esa época cambié de trabajo y no volví a verla hasta que me encontré con ella en uno de mis grupos de enfoque. Tuvimos la oportunidad de hablar y de que me pusiera al día sobre cómo le había ido hasta entonces. Lo que se expone a continuación es el relato de su aceptación de su propia introversión y de la fuerza de su temperamento. He cambiado su nombre, así como los detalles específicos de su historia, pero el tema de la aceptación de la introversión se ha dejado intacto:

Cuando era pequeña, me daba miedo ir al colegio. Nos mudamos a una nueva ciudad y empecé a ir a un colegio nuevo, en el cuarto curso. Aunque estaba emocionada por empezar la escuela, tenía mucho miedo. El aula olía a moho y el timbre que indicaba el comienzo de la clase sonaba fuerte, al igual que los anuncios que interrumpían el horario de la mañana. Todo el colegio parecía estar atiborrado de alumnos, y me sentía agobiada por el exceso de gente en clase y en el recreo.

Iba al colegio sintiéndome cada vez más angustiada. Lloraba cada vez que el profesor me llamaba, tenía problemas cuando la rutina cambiaba y no lograba hacer amistades significativas. Todavía me encantaba aprender, pero a medida que pasaban los días, también dejé de tener ilusión por el aspecto académico.

Las cosas eran igual de difíciles en casa. Odiaba pasar tiempo con mi madre. Siempre me preguntaba por el colegio. Nunca sabía qué decir, así que no decía nada. Pero ella no se conformaba con eso, así que me seguía preguntando una y otra vez, hasta que acababa gritándole lo que fuera.

Después de varios meses, empecé a ver a una psicóloga en el colegio. Primero, rellenamos unos cuestionarios. Me hizo muchas preguntas sobre cómo me sentía cuando había demasiado ruido o cuando los demás alumnos hablaban en voz alta. También me preguntó qué me gustaba hacer en casa cuando estaba sola y qué tipo de cosas me hacían sentir relajada.

Después de todas las preguntas, la psicóloga me dijo que probablemente era introvertida. Me explicó que, como introvertida, estaba desbordada por cosas como los olores o sonidos fuertes. También me dijo que mis ansiedades y aprensiones probablemente estaban relacionadas con la introversión, ya que parecía que estaba agobiada. Durante los meses siguientes probamos diferentes estrategias. Empecé a dormir más. Aprendí a pedir tiempo para estar «sola» y a llevar un libro al colegio que me ayudaba cada vez que necesitaba «escapar» durante un tiempo. Mi psicóloga trabajó con mi profesora para que me permitiera ir a la biblioteca a la hora del almuerzo, lo que me proporcionaba un lugar tranquilo para relajarme. También trabajó con mis padres y les explicó que necesitaba mi tiempo cuando volvía a casa, para relajarme sin preguntas ni presiones. Una de las cosas que más me ayudaron fue aprender a darme unas «minivacaciones», como lo llamó mi psicóloga. Me enseñó a imaginarme en las montañas (mi lugar favorito) cada vez que sentía la necesidad de desaparecer. Y me enseñó a explicar a los demás lo que significa ser introvertida. Una vez que empecé a aprender estas técnicas, las cosas mejoraron.

Han pasado cuatro años desde que trabajé con esa psicóloga. Ahora estoy en el instituto. Ya no tengo crisis emocionales en el colegio, ni lo paso mal por mi necesidad de soledad. He llegado a la conclusión de que muchos otros también necesitan tiempo de inactividad. No es algo de lo que avergonzarse y no significa que me pase nada malo. También he aprendido que ser introvertido tiene muchas cosas buenas. Puedo concentrarme mucho más tiempo que la mayoría de mis amigos. No me precipito en mi trabajo artístico ni necesito estar constantemente cerca de otras personas para sentirme «completa», un problema que tienen algunos de mis amigos más extrovertidos. Tengo cualidades de liderazgo y siento las cosas muy profundamente.

Sobre todo, no soy diferente a los demás. Quiero amigos que me entiendan. Sueño con ir a la universidad y encontrar una carrera exitosa. Sí, hay muchas cosas que todavía me hacen sentir incómoda: hablar con extraños, por ejemplo, o el primer día de clase. Pero sé que mis amigos extrovertidos también tienen problemas con eso.

Al final, tengo mucho más en común con mis amigos que diferencias. El temperamento es solo una de las pocas diferencias. No es ni bueno ni malo. No estoy ni orgullosa ni avergonzada de ser introvertida. Es solo un aspecto de quién soy y cómo interactúo con el mundo.

En esta historia, una adolescente compartió sus experiencias como introvertida. Aprendió a evitar sentirse desbordada y a reconocer sus cualidades. También aprendió lo que el temperamento significa para ella.

La experiencia de cada uno con el temperamento es única. Lo importante es que ayudemos a nuestros hijos a aceptar su forma única de interactuar con el mundo, mejorando los atributos positivos del temperamento y trabajando en torno a aquellos atributos que pueden convertirse en obstáculos. Es mi esperanza que las estrategias presentadas a lo largo del libro te hayan ayudado en el trabajo con tus hijos introvertidos.

MIRANDO HACIA EL FUTURO

Hemos cubierto los principales aspectos de la vida de tus hijos (hogar, escuela y amigos) y hemos examinado las posibles dificultades que pueden surgir con los introvertidos. A lo largo de cada capítulo te he proporcionado figuras, hojas de trabajo y hojas de consejos para facilitarte consejos prácticos y estrategias que mejoren la vida de tus hijos.

Espero que al trabajar con tus hijos introvertidos esta información te haya resultado de utilidad. Puede que incluso hayas aprendido algunas cosas sobre ti mismo. Al mirar hacia el futuro y el impacto que la introversión tiene a lo largo de la vida, reflexiona un momento sobre tus nuevas opiniones acerca de la introversión en general y compáralas con las creencias que tenías cuando empezaste a leer este libro. Dedica un par de minutos a contestar el cuestionario n.º 6 en la página siguiente y a pensar en todo lo que vas a aprender a medida que sigas influyendo en tus hijos y apoyándolos.

CUESTIONARIO N.º 6

Ideas sobre los introvertidos: repaso

1. Ahora que he terminado de leer este libro, defino a la persona extrovertida como .... (*completar la frase*).

2. Ahora que he terminado de leer este libro, defino a la persona introvertida como .... (*completar la frase*).

3. Ahora entiendo cómo repercute el temperamento en mi familia.

❐ Verdadero   ❐ Falso

4. Los puntos fuertes de mi hijo introvertido son .... (*completar la frase*).

5. Los principales obstáculos de mi hijo son ....(*completar la frase*).

6. Lo que más me preocupa sobre mi hijo introvertido es cómo se desenvuelve en el área de .... (*completar la frase*).

Cuando hayas terminado, dedica un momento a reflexionar sobre tus respuestas y considera las siguientes preguntas: ¿te ha ayudado este libro a comprender mejor a tu hijo? ¿Tienes la impresión de que puedes ayudar ahora a tu hijo con los problemas que puedan surgir? ¿Hay algo más que te preocupe? Escribe lo que piensas sobre el temperamento y tus metas con respecto a este libro.

UNAS REFLEXIONES FINALES

L
a educación de los hijos es un reto. La mayoría de las veces nos sentimos sobrepasados por ello, tanto por nuestro
propio temperamento como por la forma en que el temperamento de nuestro hijo interactúa con el nuestro. Nos preocupan las dificultades que a nuestro hijo introvertido le puedan
surgir en un mundo que considera la extroversión como ideal.
Nos preguntamos si hemos hecho todo lo posible para ayudarlo
a reconocer sus propios dones como introvertido.

Sí, ser padres es un trabajo difícil.

Tengo la esperanza de que las estrategias que te he proporcionado aquí te den algo de alivio, algo de comprensión acerca de
tu hijo o tu alumno introvertido. Y quizás te sirvan para enten-
derte más a ti mismo. Las hojas de consejos pueden parecerse a
algo que hayas oído cientos de veces. Pero no debes suponer que
porque suenen sencillas sean fáciles de dominar. Dentro de la
simple redacción de la estrategia hay una técnica que a menudo
lleva tiempo aprender a ejecutar bien. Incluso con una ejecución
perfecta, es posible que no siempre funcione. Habrá momentos

en los que la introversión, ya sea la tuya propia o la de tu hijo, se imponga sobre ti. Las cosas saldrán mal y punto.

No digo esto para subestimar ni al libro ni a ti, sino para que te asegures de que cuando las cosas vayan mal, cuando pases por algún bache en la vida que te parezca demasiado duro y nada parezca ayudar, espero que lo que has aprendido con la lectura de este libro te ayude a recordar que la vida consiste en esos momentos de aprendizaje. Son esos momentos en los que puedes empezar de nuevo, intentarlo otra vez y seguir funcionando.

Si llegas a un punto en el que sientes que has fracasado en la crianza de tus hijos, un punto en el que estás convencido de que de alguna manera has «hecho daño» a tu hijo por no ser eficaz como padre o madre, quiero que recuerdes algo: no fracasarás mientras continúes intentándolo. Ayuda a tus hijos a entender lo que significa ser introvertido y a desarrollar estrategias para desarrollar los aspectos positivos de la introversión y contrarrestar los negativos. Enséñales a encontrar el equilibrio cuando la situación se vuelva agobiante. Haz esto y no fracasarás nunca. A la larga, tendrás más éxitos en este viaje que fracasos percibidos. Verás que tu hijo acepta su introversión y desarrolla sus propias fórmulas para afrontar las dificultades, que mejoran sus puntos fuertes. Cuando veas estos momentos, tómate un tiempo para celebrar. Los dos os lo merecéis.

Y, por último, envíame un correo electrónico. Me encantaría saber de ti y de tu trayectoria con tu hijo. Ponte en contacto conmigo y cuéntame tus propias historias y sugerencias. Puedes mandarme un correo a Christine@christinefonseca.com o a través de mis sitios en redes sociales. Juntos podemos ayudar a nuestros hijos a aceptar la realidad de quienes son y ayudarlos a crecer apoyándose en sus cualidades.

BIBLIOGRAFÍA RECOMENDADA

L a cantidad de información existente acerca del temperamento ha crecido en la última década, pero todavía puede ser difícil encontrar buenos recursos. A continuación, te facilito una lista de mis lecturas favoritas sobre el temperamento, la introversión, la crianza de los hijos, la educación y algunas de las dificultades a las que se enfrentan los padres.

Información general acerca del temperamento y la introversión

Estos son algunos de mis títulos favoritos acerca del temperamento. Cada uno de ellos aporta su propio punto de vista particular sobre el tema:

1. *El poder de los introvertidos*, de Susan Cain (RBA, 2012). Hace un análisis reflexivo y exhaustivo de los antecedentes biológicos y culturales de la introversión y de lo que se puede

hacer para ayudar a los introvertidos a encontrar su forma de expresarse.

2. *La ventaja de ser introvertido*, de Marti Olsen Laney (Sirio, 2018). Aporta una excelente perspectiva general de las bases de la neurociencia que subyacen al temperamento, así como una guía específica para que el introvertido pueda desarrollar su potencial en la sociedad actual.

3. *The Introvert's Way: Living a Quiet Life in a Noisy World*, de Sophia Dembling (Perigee, 2012). Examina la introversión desde una óptica positiva y aporta un buen número de estrategias para canalizar los aspectos positivos de la introversión.

Información general para los padres

Hay muy pocos libros para los padres que traten sobre el temperamento y la introversión. Estos son algunos que he encontrado útiles a lo largo de los años. También he incluido algunos relacionados con los superdotados, ya que los niños superdotados a menudo poseen rasgos similares a los de la introversión:

1. *Cómo ayudar a tu hijo a relacionarse con el mundo*, de Marti Olsen Laney (Oniro, 2007). Laney toma los conceptos que expone en su libro *La ventaja de ser introvertido* y los desarrolla para dirigirse a los padres.

2. *A Parent's Guide to Gifted Children*, de James T. Webb, Janet L. Gore, Edward R. Amend y Arlene R. DeVries (Great Potential Press, 2007). Un libro completo sobre la educación de los hijos que cubre las características de los superdotados, la intensidad emocional y los métodos más correctos para criar a los hijos.

3. *Ser padres conscientes: un mejor conocimiento de nosotros mismos contribuye a un desarrollo integral de nuestros hijos*, de Daniel

Siegel y Mary Hartzell (La llave, 2012). Un gran recurso para entender la conexión entre la autoconciencia, la autorrealización y la crianza de los hijos.

4. *Nurture by Nature: Understand Your Child's Personality Type —and Become a Better Parent*, de Paul D. Tieger y Barbara Barron-Tieger (Little, Brown, 1997). Una mirada a la necesidad de entender los aspectos psicológicos del temperamento como base para una paternidad efectiva.

Cómo trabajar con conductas intensas

Cuando se empezó a identificar la introversión por primera vez, se puso mucho énfasis en la intensidad emocional y la alta reactividad que pueden presentar los niños introvertidos. Por eso, he incluido aquí algunos títulos relacionados con la intensidad emocional para que sirvan de ayuda cuando se trata con conductas particularmente intensas.

1. *Emotional Intensity in Gifted Students: Helping Kids Cope With Explosive Feelings*, de Christine Fonseca (Prufrock Press, 2010). Escribí este libro para tratar sobre la naturaleza de la intensidad emocional y la superdotación. El libro está lleno de estrategias prácticas para ayudar tanto a padres como a educadores.

2. *101 Success Secrets for Gifted Kids*, de Christine Fonseca (Prufrock Press, 2011). Escribí este libro específicamente para niños superdotados de ocho a doce años de edad para proporcionarles las herramientas necesarias para aprender a manejar la intensidad de sus emociones relacionadas con su superdotación.

3. *Living With Intensity*, editado por Susan Daniels y Michael M. Piechowski (Great Potential Press, 2009). Este libro

proporciona una excelente base sobre las teorías de Dabrowski para aquellos que deseen más información en esta área.

4. *Smart Teens' Guide to Living With Intensity: How to Get More Out of Life and Learning*, de Lisa Rivero (Great Potential Press, 2010). Este es un buen libro para adolescentes que contiene estrategias adicionales para vivir una vida intensa.

La ansiedad y la depresión

Como menciono en el libro, cuando la introversión está desequilibrada, puede resultar en problemas de depresión y ansiedad. Muchas de las técnicas que he presentado para ayudar a los niños introvertidos a desarrollarse bien implican el manejo de las respuestas de ansiedad. Estas son algunas de las fuentes bibliográficas adicionales que se pueden utilizar para hacer frente a este tipo de dificultades:

1. *Anxiety-Free Kids: An Interactive Guide for Parents and Children*, de Bonnie Zucker (Prufrock Press, 2008). Esta es una magnífica guía para niños y padres que luchan contra la ansiedad.
2. *The Anxiety Cure for Kids: A Guide for Parents*, de Elizabeth DuPont Spencer, Robert L. DuPont y Carolyn M. DuPont (Wiley, 2003). Un excelente recurso para los padres que tratan con niños con un alto nivel de ansiedad. Aunque el libro está dirigido a aquellos a los que se les han diagnosticado trastornos de ansiedad, las estrategias funcionarán con casos menos graves, o casos que afecten a niños superdotados, a diferencia de los que sufren un trastorno de ansiedad.
3. *What To Do When Good Isn't Good Enough: The Real Deal on Perfectionism: A Guide for Kids*, de Thomas S. Greenspon (Free Spirit, 2007). Un buen recurso para los niños más pequeños, que proporciona muchas estrategias prácticas.

El acoso

El acoso es lo suficientemente difícil para cualquier niño que lo sufra, pero cuando el niño en cuestión además es introvertido, la situación se complica. Aquí hay una lista de libros relacionados con el acoso que me han resultado particularmente útiles:

1. *The Bully, The Bullied, and The Bystander: From Preschool to High School —How Parents and Teachers Can Help Break the Cycle of Violence*, de Barbara Coloroso (Harper, 2009). Una explicación excepcional del triángulo del acoso, con estrategias prácticas para poner fin al ciclo de la violencia.
2. *Girl Wars: 12 Strategies That Will End Female Bullying*, por Cheryl Dellasega y Charisse Nixon (Fireside, 2003). Un excelente recurso para la agresión relacional y otras formas de acoso femenino.

La enseñanza

Como he comentado a lo largo del libro, los introvertidos aprenden de manera diferente a los extrovertidos. Requieren diferentes tipos de estructuras y enfoques. Esta es una lista de recursos que tratan de satisfacer las necesidades específicas de diversas aulas, incluidas aquellas que contienen una diversidad de temperamentos:

1. «Introversion: A Misunderstood "Individual Difference" Among Students», de Arnold Henjum (*Education*, 1982, vol. 103).
2. «How Introverts Versus Extroverts Approach Small-Group Argumentative Discussions», de Michael Nussbaum (*The Elementary School Journal*, 2002, vol. 102).
3. *Handbook of Positive Behavior Support*, editado por Wayne Sailor, Glen Dunlap, George Sugai y Rob Horner (Springer, 2010).

Un excelente libro de referencia para todos los aspectos del desarrollo del apoyo conductual positivo en todos los niveles escolares.

4. *Responding to Problem Behaviors in Schools: The Behavior Education Program* (2.ª ed.), de Deanne A. Crone, Leanne S. Hawken y Robert H. Horner (Guilford Press, 2010). Otro recurso externo para educadores que buscan construir fuertes apoyos positivos para conductas problemáticas en las escuelas.

Otros recursos bibliográficos

Estos son algunos recursos finales para cubrir una variedad de temas que pueden surgir en la vida de un niño:

1. *Cómo apaciguar los conflictos familiares: consejos para calmar enfados, disgustos y peleas*, de Gary D. McKay y Steven A. Maybell (Mensajero, 2006). Un excelente libro lleno de estrategias prácticas para el control de la ira para todos los miembros de la familia.

2. *Staying Connected to Your Teenager: How to Keep Them Talking to You and How to Hear What They're Really Saying*, de Michael Riera (Da Capo Press, 2003). Un gran libro para ayudar a los padres a mantenerse conectados con el mundo siempre cambiante de sus hijos adolescentes. Particularmente bueno cuando su hijo es reacio a hablar sobre su introversión.

3. *7 Things Your Teenager Won't Tell You: And How To Talk About Them Anyway*, de Jennifer Marshall Lippincott y Robin M. Deutsch (Ballantine, 2005). Un libro lleno de «temas difíciles» y sobre cómo hablar de ellos con tus hijos.

REFERENCIAS

Cameron, J. (2011). *El camino del artista*. Madrid: Aguilar.

Cattell, R. B., Eber, H. W. y Tatsuoka, M. (1980). *Handbook for the Sixteen Personality Facor Questionnaire*. Champaign, IL: Institute for Personality and Ability.

Chou, C., Condron, L. y Belland, J. C. (2005). «A review of the research on internet addiction». *Educational Psychology Review, 17*, 363-388.

Eysenck, H. (1967). *The biological basis of personality*. Springfield, IL: Thomas Publishing.

Fonseca, C. (2010). *Emotional intensity in gifted students: Helping kids cope with explosive feelings*. Waco, TX: Prufrock Press.

Goleman, D. (2016). *La práctica de la inteligencia emocional*. Barcelona: Kairós.

Henjum, A. (1982). «Introversion: A misunderstood "individual difference" among students». *Education, 103*, 39-43.

Jung, C. G. (2013) *Tipos psicológicos. Obra completa de C. G. Jung*, vol. 6. Madrid: Trotta.

Kagan, J. y Snidman, N. (2004). *The long shadow of temperament*. Cambridge, MA: Harvard University Press.

Laney, M. O. (2018). *La ventaja de ser introvertido: usa tu poder para triunfar en un mundo extravertido*. Málaga: Sirio.

_____(2007). *Cómo ayudar a tu hijo a relacionarse con el mundo*. Barcelona: Oniro.

Nussbaum, E. M. (2002). «How introverts versus extroverts approach small-group argumentative discussions». *The Elementary School Journal*, 102, 183-197.

Prince-Embury, S. (2005). *Resiliency Scale for Adolescence: A profile of personal strengths*. San Antonio, TX: Pearson Education.

Segal, N. L. (1999). *Entwined lives: Twins and what they tell us about human behavior*. Nueva York, NY: Dutton.

Sword, L. (2000). *The gifted introvert*. Consultado en http://www.starjump. com.au/media/Papers%20%20Articles/The%20Gifted%20Introvert%20by%20Lesley%20Sword_.pdf.

Thompson, E. (2008). «Development and validation of an international English big five mini markers». *Personality and Individual Differences, 45,* 542-548.

ACERCA DE LA AUTORA

Christine Fonseca, escritora de ensayo y temas sobre jóvenes aclamada por la crítica, cree que escribir es una gran manera de explorar la humanidad. Utilizando su formación y experiencia como psicóloga educativa, se dedica a ayudar a niños de todas las edades a encontrar su voz en el mundo. Sus títulos incluyen *Emotional Intensity in Gifted Students*, *101 Success Secrets for Gifted Kids* y el recientemente publicado *The Girl Guide*.

Además de sus títulos de ensayo, Christine es autora de varias novelas para adultos jóvenes, incluidas el *thriller* psicológico *Transcend* y la serie de romance gótico *Requiem*, con *Lacrimosa*, *Libera Me* y *Dominus*. También ha escrito varios relatos como «Dies Irae» y «Enigma».

Cuando no está escribiendo o pasando tiempo con su familia, se la puede encontrar tomando demasiados cafés con leche de vainilla en su cafetería favorita o disfrutando en Facebook y Twitter. Para más información sobre Christine o sus libros, visita su sitio web: http://christinefonseca.com.